一生六误
一生七明

东篱子◎编著

中国华侨出版社
·北京·

图书在版编目 (CIP) 数据

一生六误，一生七明 / 东篱子编著 . 一北京：中
国华侨出版社，2005．7（2025．6 重印）
ISBN 978-7-80120-944-3

Ⅰ．①一…Ⅱ．①东…Ⅲ．①个人－修养－青少年读
物 Ⅳ．① B825-49

中国版本图书馆 CIP 数据核字（2005）第 079934 号

一生六误，一生七明

编　　著：东篱子
责任编辑：唐崇杰
封面设计：胡椒书衣
经　　销：新华书店
开　　本：710 mm×1000 mm　1/16 开　　印张：12　　字数：136 千字
印　　刷：三河市富华印刷包装有限公司
版　　次：2005 年 7 月第 1 版
印　　次：2025 年 6 月第 2 次印刷
书　　号：ISBN 978-7-80120-944-3
定　　价：49.80 元

中国华侨出版社　北京市朝阳区西坝河东里 77 号楼底商 5 号　邮编：100028
发 行 部：（010）64443051　　　　　传　真：（010）64439708

如果发现印装质量问题，影响阅读，请与印刷厂联系调换。

前言
preface

　　错综复杂的人生路上，如果不能洞明世事，那就会不可避免地迷途、碰壁。我们只有把握了人生的种种变数，才能以平稳的心态从容处世。

　　一个人不应该轻言得失，也无法轻言得失，塞翁失马，你又怎么能确定什么是得，什么是失呢？得与失本来就是一体的两面，没有人能把它们分割开来。人生的得意与失意也无法由自己来左右，例如说有时坚持倒未必是件好事，或许放弃才会让你活得更自在。放弃沉沉压着你的包袱，你就可以轻装上阵，迎接命运带给你的另一次转机。

　　是与非不一定总是泾渭分明的，孰是孰非也不一定就能分清。有时候你受到了伤害，可那不一定是别人恶意行为的结果，也许他只是出于无心。所以不要与人斤斤计较一些无关生活本质的小是非。不是所有的误会和委屈都能在一时间得到昭雪和澄清，生命有限，为了是非而争斗只会徒伤元气，所以很多时候我们只能用豁达的心胸去忍受心中的委屈和愤懑。

　　名利最是靠不住，今朝钱来如泉涌，仕途平步青云；明日钱去如潮退，权失如山崩。财来财去、升官降职往往只是一日之隔。应该明白，名利不过是生命的点缀，终究不能长久。这样你对名利就不会太过贪求，平平淡淡时，明白这就是生活的本色，金钱再多也未必能买来幸福；身处顺境时，懂得知足，懂得克制欲望，懂得对生活感恩。

人要想一辈子平安到老，还得练出一双慧眼，明辨善恶、分清巧拙。世上好人很多，但坏人也不少，坏人脸上不会贴标签，有些坏人在害你时，脸上还是微笑的，所以我们要透过现象看本质，明辨忠奸。我们不会去害别人，但也要学着防人算计，无论情况如何，多防着点是不会错的。世界上的聪明人有两种，小聪明和大聪明。小聪明的人专在小处耍滑，这种人最后常常是聪明反被聪明误；大聪明的人看起来反而是很笨的，小事上总是糊里糊涂，但成大事的往往是这种人。聪明外露不是真巧，聪明内敛不是真拙，藏巧于拙的才是真正的聪明人。

做人要明进退，做事要识轻重。一个人如果没分寸，不知进退，那他这一生就很难有什么大出息。俗语说：不打慢的，不打懒的，专打不长眼的。做人要有点眼力见儿，什么事该做，什么事不该做，都要有分寸。做事要能够分清主次，有重点，有针对性，这样才能提高效率，简化人生。

现实社会瞬息万变，诱惑四伏，我们必须学会以豁达的态度处世，明白什么该珍惜，什么该放弃，多一份纯真，少一份迷茫，让自己的生活充满快乐，让自己的人生更加精彩。

目 录

contents

上辑　一生六误

第三章

误在说话：不先动脑乱开口

第四章

误在为人：聪明反被聪明误

第五章

误在行动：能抄近路偏绕远

第六章

误在心态：遇事强求太固执

下辑　一生七明

第一章

明巧拙：藏巧于拙是真巧

第二章

明进退：拿捏分寸看火候

第六章

明轻重：分清主次抓重点

第七章

明善恶：分清善恶多防范

上辑　一生六误

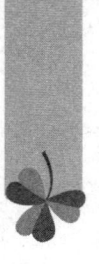

第一章

误在交友　亲疏远近分不清

　　人活在这世界上，就要和别人进行各种各样的交往和合作。如果你想做个"独行侠"，单枪匹马闯天下，那就一定会被社会淘汰。拥有高超的交友技巧，已经在纷繁的人事关系网中顺利躲过各种明枪暗箭的护身法宝。然而人际关系是如此复杂，人们往往缺少分清亲疏远近的能力，结果有的人被"朋友"扯住后腿，有的人总在交往中吃亏……可见，失败的人际交往实在误人不浅。

长舌的朋友最可怕

　　请检视一下自己周围的朋友、同事，看看有没有喜欢到处传话的人，如有，在他面前你说话千万要小心；看看有没有背后告密的人，如有，赶紧躲得远远的，沾上这种人，也就和是非沾上了边。这种长舌人之所以可怕，是因为他的舌长的时机是有选择的，他告密的目的就是谋取好处，甚至是从你的被伤害中谋取好处。

在朋友面前我们往往说话少了顾忌，加上你认为你的朋友并不是个乱说话、喜欢传言的人，心里更不设防，两杯酒下肚，心里话都倒了出来。但是第一，你对别人敞开心扉还要看别人对你是否也能敞开心扉；第二，尽管你的朋友平常不是一个说东道西的人，可当你的心里话涉及他的个人利益时，他是不是有可能偶尔"说东道西"一把，以达到自己的目的。特别是当这种朋友关系与工作有关的时候要特别注意。

常小雷是一个开朗坦诚的人，对朋友总是敞开心扉，无所不谈。刚参加工作时，有一个同时进单位的同事，由于他们的性格、志向以及家庭等方面的情况都非常类似，成了"亲密无间"的好友。

工作上的问题常小雷和他一起讨论解决，复杂些的事情他们先分工，最后一起合作，经常工作到凌晨三四点。他们的精诚合作创造了优秀的工作业绩，常小雷和他都受到了上司高度的重视和好评。

那天晚上，又是只有常小雷和他两个人在办公室和电脑屏幕打着交道，又一次在规定的时间内完成了同行看来"不可能完成的任务"。时间晚了，不想回家，两个人索性到一家酒馆喝酒谈心。毫无戒心的常小雷向他诉说了他打算出国深造的梦想，准备工作两年，攒些钱再申请大学。

后来，常小雷意识到上司对自己和他的嘉奖不再一视同仁，他明显比自己更加受到器重。常小雷开始不解，找上司谈话，上司闪烁其词，谈到公司愿意把锻炼机会更多地给那些愿意在公司长期服务的员工等等。

常小雷开始反思，终于明白，是他向上司"汇报"了自己的私人打算，才使得谨慎的上司对自己的忠诚度产生了不信任。

不久，常小雷在公司失去了发展的前途，黯然提出辞职，到了另一个公司。

现在的常小雷学会了和别人"下棋"：在细节上保护好自己，不去深入了解别人，免去许多不必要的烦恼；不让别人了解自己的私人生活，时时注意保护自己，话题一涉及个人就有意撇开。不再参与他人之间的互相了解，办公室成了绝对的"办公"的场所。周围的人也有相处得不错的，但是常小雷不敢也不允许自己把私人感情加到对方身上去。也许可能会从同事发展到朋友，但那一定是已经不在同一个单位了。

古人流传下来一句话："在家靠父母，出门靠朋友。"朋友间称兄道弟、推心置腹、惺惺相惜，一方面体现彼此的尊重和平等，一方面编织互助合作的纽带，交朋友是一件愉快的事情。

因此大多数人都希望交到更多的朋友，也希望别人能像对待朋友一样对待自己。应该说，这是人之常情，出发点和愿望都是美好的。

但是在看清身边朋友的真面目之前，首先要检视一下他的舌头有多"长"。永远永远都不要推心置腹地把你的隐私告诉长舌人，否则这就好像在你身边埋了一颗地雷，没爆炸的时候风平浪静，可假如有一天爆炸了，你就彻底完蛋了。

远离"变色龙"朋友

有一种朋友,可能此时对你真诚相待,彼时却突然翻脸不认人。至于何时真何时变,完全根据现实的利益需要。这种人就像变色龙一样一辈子会以几种面目示人,让你捉摸不透,更无法防范。

1898年,以康有为、梁启超为首的维新派,在中国掀起轰轰烈烈的维新变法运动。他们的活动得到光绪帝的支持,但他是一个没有实权的皇帝,慈禧太后控制着朝政。光绪帝想借助变法来扩大自己的权力,巩固自己的统治地位,打击慈禧太后的势力。作为慈禧太后,她当然感觉出自己权力受到威胁,所以对维新变法横加干涉。于是,这场变法运动实际上又变成了光绪帝与慈禧太后的权力之争。在这场争斗中,光绪帝感到自己的处境非常危险,因为用人权和兵权均掌握在慈禧的手中。为此光绪帝忧心忡忡,有一次他写信给维新派人士杨锐:"我的皇位可能保不住。你们要想办法搭救。"维新派为此都很着急。

正在这时,荣禄手下的新建陆军首领袁世凯来到北京。袁世凯在康有为、梁启超宣传维新变法的活动中,明确表态支持维新变法活动。所以康有为曾经向光绪帝推荐过袁世凯,说他是个了解洋务又主张变法的新派军人,如果能把他拉过来,荣禄——慈禧太后的主要助手——的力量就小多了。光绪帝认为变法要成功,非有军人的支持不可,于是在北京召见了袁世凯,封给他侍郎的官衔,旨在拉拢袁世凯,为自己效力。

当时康有为等人也认为,要使变法成功,要解救皇帝,只有杀掉荣禄。而能够完成此事的人只有袁世凯,所以谭嗣同后来又深夜密访袁世凯。

谭嗣同说："现在荣禄他们想废掉皇帝，你应该用你的兵力，杀掉荣禄，再发兵包围颐和园。事成之后，皇上掌握大权，清除那些老朽守旧的臣子，那时你就是一等功臣。"袁世凯慷慨激昂地说："只要皇上下命令，我一定拼命去干。"谭嗣同又说："别人还好对付，荣禄不是等闲之辈，杀他恐怕不容易。"袁世凯瞪着大眼睛说："这有什么难的？杀荣禄就像杀一条狗一样！"谭嗣同着急地说："那我们现在就决定如何行动，我马上向皇上报告。"袁世凯想了想说："那太仓促了，我指挥的军队的枪弹火药都在荣禄手里，有不少军官也是他的人。我得先回天津，更换军官，准备枪弹，才能行事。"谭嗣同没有办法，只好同意。

袁世凯是个心计多端善于看风使舵的人，康有为和谭嗣同都没有看透他。袁世凯虽然表示忠于光绪皇帝，但是他心里明白掌握实权的还是太后和她的心腹，于是又和慈禧的心腹们勾搭上了。如今他更加相信这次争斗还是慈禧占了上风。所以，他决定先稳住谭嗣同，再向荣禄告密。

不久，袁世凯便回天津，把谭嗣同夜访的情况一字不漏地告诉荣禄。荣禄吓得当天就到北京颐和园面见慈禧，报告光绪帝如何要抢先下手的事。

第二天天刚亮，慈禧怒冲冲地进了皇宫，把光绪帝带到瀛台幽禁起来，接着下令废除变法法令，又命令逮捕维新变法人士和官员。变法经过 103 天最后失败。谭嗣同、林旭、刘光第、杨锐、康广仁、杨深秀在北京菜市口被砍下了脑袋。

变脸的小人不可交，他们惯会当面一套，背后一套；过河拆桥，不择手段。他们很懂得什么时候摇尾巴，什么时候摆架子；何时慈眉顺目，何时如同凶神恶煞一般。他们在你春风得意时，即使不久前还是"狗眼看人低"，马上便会趋炎附势，笑容堆面，而当你遭受挫折，风光尽失后，则会避而远之，满脸不屑的神气，甚至会落井下石。

就拿袁世凯来说，既然维新派主动找上门去，说明他在公众面前有一幅维新的面孔。而实际上在维新可能成为主流的情况下，袁世凯也确实看到了维新的现象意义，于是马上与维新派打得火热，一副知己的样子。但一旦他看到了新的机会，他才不管什么朋友呢，自己的利益最重要。马上脸色一变，背后的屠刀早已扬起。

变脸术为正人君子所不齿，但因其屡屡奏效，至今仍被广泛使用着。这种惯于使变脸术的"朋友"，对你永远也不可能有什么真心，所以一旦发现这种小人，就赶快远离他们，千万别被这种"朋友"迷惑住。

提防势利的"朋友"

在你遇到困难、需要帮助的时候，朋友当中你最先想到谁？能有哪怕一两位这时候伸出援助之手的朋友是一个莫大的幸福。在我们这个社会中，重义轻利，把友谊看得极为神圣的人大有人在，这也是整个社会构建道德基础的重要组成部分。同时不能否认的是，还有另外一种人，仅仅把朋友当作可供利用的资源，一旦人家失势找上他时，他立即换上另一副面孔。

东晋大将王敦因谋反被杀，他的侄子王应想去投奔江州刺史王彬；王应的父亲王含想去投奔荆州刺史王舒。王含问王应："大将军以前和王彬关系怎么样，而你却想去归附他？"王应说："这正是应当去的原因。王彬在人家强盛时，能够提出不同意见，这不是常人能够做到的。到了看见人家有难时，就一定会产生怜悯之情。荆州刺史王舒是个安分守己的人，从来不敢做出格的事，我看投奔他没用。"王含不听从他的意见，于是两人就一起投奔王舒，王舒果然把王含父子沉入长江。

当初王彬听说王应要来，已秘密地准备了船只等待他们；他们最终没能来，王彬引为憾事。

蔺相如曾是赵国宦官缪贤的一名舍人，缪贤曾因犯法获罪，打算逃往燕国躲避。相如问他："您为什么选择燕国呢？"缪贤说："我曾跟随大王在边境与燕王相会，燕王曾握着我的手，表示愿意和我结为朋友。所以我想燕王一定会接纳我的。"相如劝阻说："我看未必啊。赵国比燕国强大，您当时又是赵王的红人，所以燕王才愿意和您结交。如今您在赵国获罪，逃往燕国是为了躲避处罚。燕国惧怕赵国，势必不敢收留，他甚至会把你抓起来送回赵国的。你不如向赵王负荆请罪，也许有幸获免。"缪贤觉得有理，就照相如所说的办，向赵王请罪，果然得到了赵王的赦免。

缪贤以为燕王是真的想和自己交朋友，他显然没有考虑自己背后的一些隐性因素，比如自己当时的地位、对燕王的有用性，等等。可是现在他成了赵国的罪人，地位已经变了，交朋友的价值也就失去了，他贸然到燕国去，当然很危险了。蔺相如看问题可真是一针见血啊。

再看这样一个故事：晋国大夫中行文子流亡在外，经过一个县城。

随从说："此县有一个啬夫，是你过去的朋友，何不在他的舍下休息片刻，顺便等待后面的车辆呢？"文子说："我曾喜欢音乐，此人给我送来鸣琴；我爱好佩玉，此人给我送来玉环。他这样迎合我的爱好，是为了得到我对他的好感。我恐怕他也会出卖我以求得别人的好感。"于是他没有停留，匆匆离去。结果，那个人果然扣留了文子后面的两辆车马，把他们献给了自己的国君。

王舒、燕王、啬夫在友与利的选择上都看重后者，在他们眼里，情义二字不值分文，而且会成为自己的障碍，此一时彼一时，此时的他只是必欲除友而后快了。

实际上一个人是不是可以相交成为朋友，不可以等到大事当前再去判断，而应在平常的小事中就注意观察，这样可以防止临时抱佛脚。

春秋时的管仲与鲍叔牙结为至交。两人合伙做生意，每次分红，管仲总是多拿一些。旁人不平，鲍叔牙却为他辩解说："管仲家里经济更困难，让他多分一些就是了。"

管仲打过几次仗，每次都是冲锋居后，逃跑当先。有人耻笑他，鲍叔牙又辩解说："管仲并不是怕死，他是考虑家有老母需要赡养啊。"

后来鲍叔牙跟随公孙白，小白当上了国君，就是齐桓公。而管仲因为帮公子纠与齐桓公争位，得罪了齐桓公，成了阶下囚。又是鲍叔牙向齐桓公极力推荐："管仲是个人才呀，他的能耐比我大多了。如果你想治理好国家，那我还能胜任，如果您想称霸，那非找管仲帮忙不可。"果然，管仲帮助齐桓公成就了霸业。

利益是一块试金石，山盟海誓不可信，利益面前见分晓。只为自己打算的人私心重，交友时碰到这样的人，千万别被他的花言巧语所迷惑。

交朋友要闭上一只眼睛

俗话说：水至清则无鱼，人至察则无友。乍听起来，似乎太"世故"了，然而，人际交往中，许多朋友就因为一点鸡毛蒜皮的小事儿而交恶，他们的友情就毁在"认真"二字上了。有些人对朋友的要求过于严格以至近于苛刻，希望朋友完美无缺，超凡入圣，希望朋友与自己同心同德，不允许朋友有任何一件小事不符合自己的设想。

像这种人，我们只能说他是过于天真，不能容人之过的人是无法交到朋友的。

李新和刘杨大学毕业后，被分配到了同一个单位，由于两人年龄相近，说话又颇投缘，很快就成了一对好朋友。两人无话不谈，亲如兄弟，实在羡煞旁人。可随着时间的流逝，李新却发现自己越来越受不了刘杨了：李新有时会看一些言情、武侠之类的小说，刘杨就说那是下流东西，应该多看一些高尚的书籍；李新星期天希望看看足球联赛，刘杨却偏要拉他去钓鱼，说是可以修身养性；李新……两人之间的友谊渐渐出现了裂痕。不久之后发生的一件事，终于让两人成了陌路人。一天李新陪几个同事上街去买书，回来的时候车上特别挤，李新糊里糊涂的忘记买票就被挤下来了。李新也没太当回事，就和同事开玩笑说："得，咱也逃了回票！省两元钱买根冰棍吃"。就是这么一件小事，却传到了刘杨耳朵里，他觉得李新的品德出了问题，就找到李新，冷嘲热讽了一顿，最后还说："我可真有福，认识了你这么'光荣'的朋友！我都替你觉得丢人！"听完了这番话，李新再也忍不住了，他跳起来一边收拾自己的东西，一边骂道："我告诉你，我也不稀罕和你当朋友，自以为了不起，看别人什么都不顺眼，有你这种哥们儿是我瞎了眼，我这就搬走，不敢让你丢了人，从今以后，咱们谁也不认识谁！"李新搬到了其他同事那里，怨气难消地和几个同事一起排挤刘杨，半个月后，刘杨主动辞职了。

精观善察，是一个聪明人的优点。生活在这个世界上拥有敏锐的洞察力，能了解世事百态，面子人情，甚至能尽快地、全面地了解一个人，是一种财富，怎么利用它，主要在于洞察百态之后的反应。一些人把这项优点运用得淋漓尽致，自认看人精准，明察秋毫，结果到头来却人见人烦不受欢迎。这是因为，他们自恃聪明，对人挑剔太过的缘故。

假如能针对不同的人，采取不同的交友方法，那么这笔财富算是用在点上；倘若过于苛责朋友，挑鼻子挑眼，发现他这也不好，那也不对，那么再好的洞察力都交不到好友。

有的人对许多问题的看法往往过于天真，过于理想化，过于清高。总觉得世界之上，众人皆浊，唯己独清，众人皆醉，唯己独醒。用这种天真的眼光去看社会，许多人往往会变得愤世嫉俗，牢骚满腹。

聪明人的"睁一只眼，闭一只眼"，并不是说可以随波逐流，不讲原则，而是说，对于那些无关大局、枝枝蔓蔓的小事，不应当过于认真，而对那些事关重大、原则性的是非问题，切不可也随便套用这一原则。汉代政治家贾谊说："大人物都不拘细节，才能成就大事业。"这里的"不拘小节"，就包括了该糊涂时别精明的待人处世之道。

《菜根谭》上说："人有顽固，要善化为海，如忿而疾之，是以顽济顽。"对于别人的顽固的行为，应善加开导，而不是忿而疾之，试想，两块顽石相撞，怎么会撞出友情？

至察其实并不错，错在于至察之后，不懂怎样待友。人们往往能够将别人的缺点看得一清二楚，却常常忽视自己的缺点。看清朋友的缺点并不是坏事，若能分别对待，有益无害。"不责人小过，不发人隐私，不念人旧恶。三者可以养德，亦可以远害。"

　　不责人小过，就是不要责难别人的轻微的过错。人不可能无过，不是原则问题不妨大而化之。"攻人之恶毋太严，要思其堪受。"不可太严厉，一定要考虑到对方能否承受。

　　在现实中，有的人责备朋友的过失唯恐不全，抓住别人的缺点便当把柄，处理起来不讲方法，只图泄一时之愤。几个朋友同室而居，其中一个常常不打扫卫生，常常不提水，另一个朋友就常在别人面前说那人的坏处，牢骚满腹。久之，传到那人的耳朵中，室中的气氛越变越坏，两个开始冷战，一屋子都不得安宁。

　　不揭人隐私，就是不要随便揭发个人生活中的隐私。人都有自己不愿为人所知的东西，总爱探求别人的隐私，关心别人的秘密，让人讨厌，这种行为本身就是对朋友人格的不尊重，也可能给人给己惹来意外的祸灾。

　　《菜根谭》中说："地之秽者多生物，水之清者常无鱼，故君子当存含垢纳污之量，不可持好洁独行之操。"

　　一块堆满腐草和粪便的土地，才能长出许多茂盛的植物，一条清澈见底的小河，常常不会有鱼来繁殖。君子应该有容忍世俗的气度，以及宽恕他人的雅量，绝对不可自命清高，不与任何人来往而陷于孤独。

　　人往往缺乏容忍朋友缺点的雅量，其实世间正邪善恶交错，没有什么是绝对的。所以交朋友须有清浊并容的思想，对于别人的某些缺点要闭一只眼，一个人若想创造一番事业，必须有这种恢宏的气度和容人的雅量。

对同舟的难友要睁一只眼

"同舟共济"本来的意思，只是大家同乘一条船过河。而现在的意义则是指在困难面前，彼此能够互相救援，同心协力。而通常情况下，同舟共济之人可以齐心协力，水涨船高。但天下没有不散的筵席，建立在一定利益基础之上的"同舟"，总有各奔东西的一天。那么，在"同舟"的时候到底应该如何做呢？事实上，同舟之人未必总能共济，在任何时候都要学聪明点，多长点心眼儿，即使睡觉也要睁一只眼睛。否则，很可能对你造成最大伤害之人，就是曾经与你"同舟"者。

王安石在变法的过程中，视吕惠卿为自己最得力的助手和最知心的朋友，一再向神宗皇帝推荐，并予以重用，朝中之事，无论巨细，全都与吕惠卿商量之后才实施，所有变法的具体内容，都是根据王安石的想法，由吕惠卿事先写成文及实施细则，交付朝廷颁发推行。

当时，变法所遇到的阻力极大，尽管有神宗的支持，但能否成功仍是未知数，在这种情况下，王安石认为，变法的成败关系到两人的身家性命，并一厢情愿地把吕惠卿当成了自己推行变法的主要助手，是可以同甘苦共患难的"同志"。然而，吕惠卿千方百计讨好王安石，并且积极地投身于变法，却有自己的小算盘，他不过是想通过变法来为自己捞取个人的好处罢了。对于这一点，当时一些有眼光、有远见的大臣早已洞若观火。司马光曾当面对宋神宗说："吕惠卿可算不了什么人才，将来使王安石遭到天下人反对的，一定是吕惠卿！"又说："王安石的确是一名贤相，但他不应该信任吕惠卿。吕惠卿是一个地道的奸邪之辈，他给王安石出谋划策，王安石出面去执行，这样一来，天下之人将王安石和他都看成奸邪了。"后来，司马光被吕惠卿排挤出朝廷，临离京前，一连数次给王安石写信，提醒说："吕惠卿之类的谄谀小人，现在都依附于你，想借变法为名，作为自己向上爬的资本，在你当政之时，他们对你自然百依百顺。一旦你失势，他们必然又会以出卖你而作为新的进身之阶。"

王安石对这些话半点也听不进去，他已完全把吕惠卿当成了同舟共济、志同道合的变法同伴，甚至在吕惠卿暗中捣鬼被迫辞去宰相职务时，王安石仍然觉得吕惠卿对自己如同儿子对父亲一般地忠顺，真正能够坚持变法不动摇的，莫过于吕惠卿，便大力推荐吕惠卿担任副宰相职务。

王安石一失势，吕惠卿被厚脸掩盖下的"黑心"马上浮上台面，不仅立刻背叛了王安石，而且为了取王安石的宰相之位而代之，担心王安石还会重新还朝执政，便立即对王安石进行打击陷害，先是将王安石的两个弟弟贬至偏远的外郡，然后便将攻击的矛头直接指向了王安石。

吕惠卿的心肠可谓狠得出奇，当年王安石视他为左膀右臂时，对他无话不谈，一次在讨论一件政事时，因还没有最后拿定主意，便写信嘱咐吕惠卿："这件事先不要让皇上知道。"就在当年"同舟"之时，吕惠卿便有预谋地将这封信留了下来。此时，便以此为把柄，将信交给了皇帝，告王安石一个欺君之罪，他要借皇上的刀，为自己除掉心腹大患。在封建时代，欺君可是一个天大的罪名，轻则贬官削职，重则坐牢杀头。吕惠卿就是希望彻底断送王安石。虽然说最后因宋神宗对王安石还顾念旧情，而没有追究他的"欺君"之罪，但毕竟已被吕惠卿的"软刀子"刺得伤痕累累。

人际交往中，特别是权力场中，不乏这样的人，当你得势时，他恭维你、追随你，仿佛愿意为你赴汤蹈火；但同时也在暗中窥伺你、算计你，搜寻和积累着你的失言、失行，作为有朝一日打击你、陷害你并取而代之的秘密武器。公开的、明显的对手，你可以防备他，像这种以心腹、密友的面目出现的对手，实在令人防不胜防。所以，同舟者未必共济，交友时还要多加小心。

必要时向朋友说"不"

有一句名言说："世上漫结交，其后每多悔"。意思是说，有些人随便交朋友，结果往往要后悔。所以，当我们发现对方不是真正的朋友时，及时拒绝，以免被友情所累。

贝克从外地来北京做生意，租了一套二居室的楼房。一天，一位多年不见并有前科的朋友来找他。

贝克问朋友是如何找到地址的，朋友说是从贝克父母家要来的地址。贝克热情地请他吃了饭，饭后这位朋友提出能不能先在他这儿住段时间，等找到房子就搬走。贝克当即拒绝了，说："不行，我很忙，没时间照顾你。"

朋友说："我不需要你的照顾，我只是在你这儿住几天。"

贝克仍然不答应。

朋友非常不满地走了。不久，贝克从家乡朋友处得知这位朋友因贩毒正在被通缉。贝克暗自庆幸当初的做法。

拒绝朋友可能难开口，但要清楚对方提出的要求是否合理，如果不合理，你则不能碍于情面，要明确干脆地拒绝。只要拒绝得对，谁也没有理由指责你。而如果自己答应的事情却做不到，便会让人反感。

阿富和阿单同住一个宿舍，阿富有一台电脑，阿单没有。阿富打字还不太熟，速度很慢，每次录入一篇文章都要花上很长一段时间。

一次，老师布置了一篇论文，要求交打印稿。阿单用稿纸写完后，对阿富说："你能不能帮我录一下？"

阿富满口答应，但阿富自己的论文都来不及，根本没有多余的时间帮阿单录入论文。几天后，阿单催他，让他赶紧把论文打出来他还要修改。阿富答应先把自己的写完就给他打。

可是等到交稿的前一天，阿富也没有将阿单的论文打出来，阿单不乐意了，说："都快交了，你怎么还没把我的论文打出来？"

阿富正手忙脚乱地弄自己的论文，没好气地说："我自己的都没打出来，怎么打你的？"

阿单埋怨，阿富耽误了自己的事。

阿富更不高兴了，说："我是不好意思拒绝你，谁想到你这么没眼色，看着我来不及了，还不另想办法。"

从此，阿富和阿单分道扬镳。

另外，我们在拒绝别人时要讲究技巧，要让对方容易接受。

一是不伤害对方的自尊心。每个人都有自尊，如果你在拒绝时不顾及对方的自尊，会使他们无法接受，认为你不够尊重他们，不给他们"面子"，甚至引起他们的强烈不满与气愤。

二是尽量使用间接拒绝的方法。直截了当地对他人说"不"当然是再好不过了，可是话到嘴边却很难开口，担心这样做会使对方感到难堪，甚至会伤害彼此的感情，从而失去了朋友，如果我们拒绝他人时，从对方的立场出发，阐明自己的观点，就会使对方自然而然地接受拒绝了。比如你的朋友约你去旅游你当时不想去，你可以对他说："你看你的感冒刚刚好，身体挺虚的，游泳对你身体不好，等以后再说吧！"他听了你的话，一定十分高兴，当然不会再提去游泳的事了。

三是变向说"不"。当朋友向你提出某种要求时，不必正面拒绝，而是巧妙地把对方的话题引向别处，使对方不自觉地淡忘原来的要求，从而达到的目的。这种转移话题的方式，十分奏效。

四要以礼相待。拒绝人时，也要有礼貌。任何人都不愿意接受人的拒绝，因为得到人的拒绝，会使人感到失望和痛苦。当对方向自己提出不合理要求时，你感到气愤，甚至根本无法忍受时，也要沉住气，不可大发雷霆，出言不逊，恶语伤人，因此在拒绝对方时，要表现出你的歉意，多给对方以安慰，多说几个"对不起"、"请原谅"、"不好意思"、"您别生气"之类的话。由于你的态度十分有礼貌，即使对方是无理取闹，也说不出什么，一个懂得拒绝的人，对人都会以礼相待，以和待人。

第二章

误在选择：不看气候只随心

人生旅途中，我们要面对无数的岔路口，不同的路会带你走入不同的命运，是好是坏全看你的选择。有些人根基不错，遇到的机会也很多，可惜因为不善于选择，常把自己得来不易的资本耗光，坎坷霉运随身，遇事也总是不明不白地吃亏。有一句话叫"识时务者为俊杰"，人在做选择时，不能只从自己的心愿出发，想怎么做就怎么做。看清气候才能做出明智抉择。

看清气候灵活应对

一个人很难有足够的预知能力来决定命运，你无法预知未来是朝哪个方向发展。但也并不是说，我们只能被动地随波逐流，任凭命运摆布。我们可以睁大眼睛看清时势，再做出有利自身的选择。既然环境不容易被改变，不如先改变我们自己：看清周围的"气候"，然后灵活应对，只有这样才能明辨是非，趋利避害。

一般说来，社会"气候"是很难改变的。这种"大气候"一旦形成，通常几年、几十年乃至上百年不会有太大的变化。一个人在这种社会气候中只能接受，而不会有太大的改动余地。不接受也没法子，如屈原，发现自己生不逢时，"举世皆浊而我独清，举世皆醉而我独醒"，可结果呢，却不为世道所容，怀石沉沙。屈原虽死，但毕竟还留下了个清高的好名声。而大部分的人，虽然对社会不很满意，也只有混迹其中，没有逃避的出路。

"大气候"不易改变，"小气候"总还有让人发挥的余地的。一个人在家庭、职场的活动中，只要努力追求，总是有很大的空间的。

分清自己所处的"大气候"和"小气候"，明白自己的位置，清楚活动的空间，辨别生活的利害，采取适当的手段，对于一个人来说，并不是很难的事情。

在历史上，能否分清身处的大小气候，张良和韩信就是很鲜明的例子。

韩信，淮阴人，少时"贫无行"，不会谋生，"常寄食于人，人多厌之者"。曾有一恶少年侮辱他让他钻裤裆，"市人皆笑（韩）信，以为怯（懦）"。但"其志与众异"，他是位"忍小忿而就大谋"的"盖世之才"。

韩信在拜将之前，就向刘邦提出"以天下城邑封功臣，何所不服"的建议，表明他胸怀大志，意在封王，他不懂得分封制度在当时已不合历史潮流。在这方面就远远不如张良有见识。张良本来出身贵族，却看出分封制度已不可行；而韩信出身贫民，却满脑子分封思想。刘邦虽然曾"自以为得（韩）信晚"而任他为大将，但刘邦始终没有像相信、依靠萧何、张良那样把韩信作为心腹对待，因为韩信总热衷占据一方，封王封土，怎么让刘邦放心呢？

刘邦坐稳了江山之后，看到韩信握有重权，并且深得军心，不由得十分担忧。他宴请群臣，面对臣下的恭贺，也忧心忡忡。张良察言观色，明白了是刘邦害怕功高之人今后难以控制，就私下对韩信说："你是否记得勾践杀文种的故事？自古以来，只可与君主共患难，而不可与其同享富贵。前车之鉴，后事之师啊！我们要好自为之。"于是张良急流勇退，见好就收，他请求回乡养老。刘邦故作恋恋不舍状，再三挽留，最后封其为留侯。张良功成身退，终于保身全名，足见其先见之明。

韩信尽管认为张良的话有道理，但是对刘邦还是抱有幻想：自己对刘邦有过救命之恩。可是不久，便有奸佞之臣诬告韩信恃功自傲，不把君主放在眼里。刘邦更是不满于韩信的所作所为，不久，就设计解除了韩信的兵权。

至此，韩信终于心灰意冷。他后悔当初不听张良之劝告而遭此大难，不禁仰天长叹道："飞鸟尽，良弓藏；狡兔死，走狗烹；敌国灭，谋臣亡。现在天下大局已定，我也该遭殃了。"不久，又有人趁火打劫，诬告他要谋反，于是刘邦终于对他下了毒手，了却他一大心事。

韩信错就错在不看清气候、不识时务而做出了错误选择，即使才略满腹也只是个有勇无谋之人。人处在一个复杂的社会里，人际关系错综盘结，世事诡变难以预料，只有顺应时势，见机而动，才能在社会上立足扎根。

弄清楚了再做选择

人们最容易犯的一个错误就是，在问题还未弄清楚之前，就轻易地下结论，做选择。结果常常在一些很简单的事情上吃大亏，这实在是不必要的损失。

有一个所谓的聪明人，他虽然是个犹太教法学家，但事实上他只是个教士，人们知道他是个聪明人。他从附近的一个村庄回家。在路上，他看见一个人带了一只美丽的鸟。他买下了鸟，开始想："这只鸟如此美丽，回家后我要吃了它。"忽然鸟儿说："不要有这样的念头！"教士吓了一跳，他说："什么，我听见你说话？"鸟儿说："是的，我不是一只普通的鸟。我在鸟的世界里也几乎是个法学专家。我可以给你三条忠告，如果你答应放我并让我自由。"法学家自言自语地说："这只鸟会说话，它一定是有学问的。"

我们就是这么决定的——如果有人会说话，他一定明智！说话那么容易，明智是非常困难的——它们互相毫无关联。

法学家说："好，你给我三条忠告我就放了你。"鸟儿说"第一条忠告——永远不要相信谬论，无论谁在说它。他可能是个伟人，闻名于世，有威望、权力和权威——但如果他在说谬论不要相信它"。教士说："对！"鸟儿说："这是我的第二条忠告——无论你做什么，不要尝试不可能，因为那样的话你就会失败。所以要始终了解你的局限：一个了解自己局限的人是聪明的，一个试图超出自身局限的人会变成傻瓜。"法学家点头说："对！"鸟儿说："这是我的第三条忠告——如果你做什么好事，不要后悔，只有做了坏事才后悔。"

忠告是精妙的，美丽的，于是这只鸟被放了。法学家开始高兴地往家里走，他脑子里想着："布道的好材料，在下星期的集会上当我演讲时，我会给出这三条忠告。我将把它们写在我房间的墙上，我将把它们写在我的桌子上，这样我就能记住它。这三条准则能够改变一个人。"

正在这时，他突然看见那只鸟立在一棵树上，鸟儿开始放声大笑。法学家说："怎么回事？"鸟儿说："你这个傻瓜，在我肚子里有一颗非常珍贵的钻石，如果你杀了我，你会成为世界上最富有的人。"法学家心里后悔："我真愚蠢。我干了什么，我居然相信了这只鸟。"

他扔掉他带着的书本开始爬树。他——是个老人，他一生中从未爬过树。他爬到高处，正当他要抓住鸟儿的那一刻，它飞走了。他失脚从树上摔下来，摔断了两条腿，他濒临死亡。那只鸟又来到一条稍低的树枝上说："看，你相信了我，一只鸟的肚子里怎么会有珍贵的钻石？你这傻瓜！你听说过这种谬论吗？随后你尝试了不可能——你从没有爬过树。当一只鸟儿自由时，你怎么能空手抓住它，你这傻瓜！你在心里后悔，你做了一件好事却感到做错了什么，你使一只鸟儿自由了！现在回家去写下你的准则，下星期到集会上去传播它们吧。"

对于这样的法学家，人们肯定会有太多的结论。也许有人会认为他是贪婪的，对，他确实是贪婪的，他一听到鸟说自己的肚子里面有颗钻石便想要重新逮到它。也许还有人会说他是愚蠢的，他也确实是愚蠢的，硬要相信鸟的肚子里有什么珍贵的钻石。也许……有太多的也许，也有太多的可能存在。但我们可以换一个角度来理解。法学家之所以放了鸟儿又想要把它逮住，并最终摔断了腿，这一切都是因为他并没有实实在在地把问题想清楚，在这种情况下，就草率地下了结论。如果他仔细地思考了问题，那么连常人都知道的鸟肚子里不可能有钻石的问题他更应该知道，那样他也就不至于有后来的结局了。

对问题没有想清楚便轻易做出了结论，再加上他那固有的贪念，法学家最终付出了惨痛代价。

生活中，我们也常常如此，遇到事情时也不等考虑清楚，便昏头涨脑地做出了选择，吃亏了以后又开始悔不当初。俗语说"事缓则圆"，"缓"正是为了把事情弄明白。

对症下药做选择

办事，自己的领导是个无法回避的重要对象。会长眼色，能察言观色是聪明人办事成功至关重要的基本功。如果不知道领导的心理和真实意图，不随眼色行事，他想让你往东，你却往西，就会适得其反，事情当然办不成。

汉元帝刘爽上台后，将著名的学者贡禹请到朝廷，征求他对国家大事的意见，这时朝廷最大的问题是外戚与宦官专权，正直的大臣难以在朝廷立足，对此，贡禹不置一词，他可不愿得罪那些权势人物，只给皇帝提了一条，即请皇帝注意节俭，将宫中众多宫女放掉一批，再少养一点马。其实，汉元帝这个人本来就很节俭，早在贡禹提意见之前已经将许多节俭的措施付诸实施了，其中就包括裁减宫中多余人员及减少御马，贡禹只不过将皇帝已经做过的事情再重复一遍，汉元帝自然乐于接受，于是，汉元帝既博得了纳谏的美名，而贡禹也达到了迎合皇帝的目的。

司马光对贡禹的这种做法很不以为然，他批评说："忠臣服事君上，应该要求他去解决国家所面临的最困难的问题，其他较容易的问题也就迎刃而解了；应该补救他的缺点，而他的优点不用说也会得到发挥。当汉元帝即位之初，向贡禹征求意见时，他应当先国家之所急，其他问题可以先放一放。就当时的形势而言，皇帝优柔寡断，谗佞之徒专权，是国家急待解决的大问题，对此贡禹一字不提。恭谨节俭，是汉元帝的一贯心愿，贡禹却说个没完没了，这算什么？如果贡禹不了解国家的问题，他算不上什么贤者，如果知而不言，罪过就更大了。"

司马光不明白，古代的帝王在即位之初或某些较为严重的政治关头，时常要下诏求谏，让臣下对朝政或他本人提意见，表现出一副弃旧图新、虚心纳谏的样子，其实这大多是一些故作姿态的表面文章。有一些实心眼的大臣却十分认真，不知轻重地提了一大堆意见，这时常招来忌恨，埋下祸根，早晚会招来帝王的打击报复。但贡禹却十分精明，专拣君上能够解决、愿意解决甚至正在着手解决的问题去提，而回避重大的、急需的、棘手的问题，这样避重就轻，避难从易，避大取小，既迎合了上意，又不得罪人。

唐高宗李治将要立武则天为皇后，遭到了长孙无忌、褚遂良等一大批元老重臣的反对。一天，李治又要召见他们商量此事，褚遂良说："今日召见我们，必定是为皇后废立之事，皇帝决心既然已经定下，要是反对，必有死罪，我既然受先帝的顾托，辅佐陛下，不拼死一争，还有什么面目见先帝于地下！"

李勣同长孙无忌、褚遂良一样，也是顾命大臣，但他看出，此次入宫，凶多吉少，便借口有病躲开了；而褚遂良由于面折廷争，当场便遭到武则天的切齿斥骂。

过了两天，李勣单独去见皇帝。李治问他："我要立武则天为皇后，褚遂良坚持认为不行，他是顾命大臣，若是这样极力反对，此事也只好作罢了！"

李勣明白，反对皇帝自然是不行的，而公开表示赞成，又怕别的大臣议论，便说了一句滑头的话："这是陛下家中的事，何必再问外人呢！"

这句回答真是巧妙，既顺从了皇帝的意思，又让其他大臣无懈可击。李治因此而下定了决心，武则天终于当上皇后。反对派长孙无忌、褚遂良都遭到了迫害，只有李勣官运一直亨通。

在这里我们并不是提倡贡禹、李勣之流的不讲原则、只求自保的做法，只是要说明一个道理：在特定的情况下，面对特定对象的特定心理和意图，对症下药有时可能是聪明人最好的选择。

做选择要有点眼力见儿

我们认为：做人不能太迂腐，与其陪着不可救药的人白白送死，倒不如另择明主。试问，现在能有谁敢保证会一辈子只服务于一个单位？办事情也好，做事业也好，只要更加有利，"好女"何妨嫁二夫？至于到底该选择一个什么样的对象，需要具备一个什么样的眼力见儿，不妨参考以下四条法则：

第一，要选择正处于上升阶段的人或单位，以保证前程的光明。

例如，唐朝末年的冯道，生于军阀割据、战乱频仍的唐中和二年（公元882年），当时，李克用割据晋阳，独霸一方。李克用是一个有着雄才大略的人，其子李存勖在灭梁前期，也还是颇有作为的。大概是冯道看到了这一点，才投奔李存勖，以图求得前程。在这以前，冯道在离家乡较近的幽州做小吏，当时，幽州守军刘守光十分凶残，杀人成性，对于属下，也是一言不合即加诛戮，甚至杀了之后，还叫人"割其肉而生啖之"。冯道在这种人手下做事，自然是很危险的。当时的冯道还是较正直的。一次，刘守光要攻打易、定二州，冯道却敢劝阻，结果惹怒了刘守光，几乎被杀死，经人说情，被押在狱中。冯道经人帮助，逃出牢狱，投奔太原，投在晋大将张承业的门下，经张承业的推荐，冯道成为李存勖的亲信。冯道起初担任晋王府中的书记，负责起草收发各种政令文告、军事信函。不久，李存勖看到朱温建立的后梁政权十分腐败，就准备灭掉后梁。

李存勖灭掉后梁建立后唐以后，只重视那些名门贵族出身的人，对冯道这样没有"背景"的人并不重用。直到庄宗李存勖被杀，后唐明宗李嗣源即位，冯道才被召回。明宗鉴于前朝教训，重用有文才的人，以文治国，冯道终被任命为相，真正发迹。

第二，及早看清自己登上的那根枝是否结实，其根基是否已经动摇，然后确定是否要另登高枝。

后唐明宗去世以后，他的儿子李从厚即位。李从厚即位不到四个月，同宗李从珂即兴兵来伐，要夺取帝位，李从厚得到消息后，连臣下也来不及告诉，就慌忙跑到姐夫石敬瑭的军中。第二天早上，冯道及诸大臣来到朝堂，找不到皇帝，才知道李从珂兵变，并率兵往京城赶来。冯道这时一反常态，极其出人意料。他本是明宗一手提拔，从寒微之族被任命为宰相的，按理说，此时正是他报答明宗大恩的时候，但冯道所想的是李从珂拥有大军，且性格刚愎，而李从厚不过是个孩子，即位以来尚未掌握实权，为人又过于宽和优柔，权衡了利弊之后，他决定率领百官迎接李从珂。

就这样，冯道由前朝的元老重臣摇身一变，又成了新朝的开国元勋。

第三，要及时对新靠山表忠心，以打消对方的怀疑。

石敬瑭在契丹人的支持下，打败了李从珂，当上皇帝之后，他的第一件大事，就是实现对耶律德光许下的诺言，否则，王朝就有被倾覆的危险。尤其是自称"儿皇帝"，上尊号于契丹皇帝与皇后，实在是一个让人难为情的事情。据载，写这道诏书的官吏当时是"色变手战"，乃至于"泣下"，可见这是一奇耻大辱，至于派人去契丹当册礼使，更是一个既要忍辱负重，又要冒生命危险的事。石敬瑭想派宰相冯道去，一来显得郑重，二是冯道较为老练，但石敬瑭很为难，恐怕冯道拒绝。谁知他一开口，冯道居然非常爽快地答应了，这真使石敬瑭喜出望外。

其实，石敬瑭没有看出冯道的心眼儿。冯道觉得，只有结交好耶律德光，他在石敬瑭那里的位置才能保得稳，把"爸爸皇帝"笼络好了，这"儿皇帝"也容易对付了，所以他才宁愿背骂名欣然前往。

第四，脚踏多只船，为下一步跳槽积累一些资源。

五代时期的政权更迭，真如走马灯一般，令人眼花缭乱。刘知远的后汉政权刚刚建立四年，郭威就扯旗造反，带兵攻入京城。这时候的冯道，又故伎重施，准备率百官迎接郭威。他做了后唐明宗的七年宰相，尚且不念旧恩，何况后汉太师只做了不到四年，更是不足挂齿。冯道率百官迎郭威进沛京，当上了郭威所建的后周政权的宰相，并主动请缨，去收伏刘知远的宗族刘崇、刘斌等手握重兵的将领。刘斌相信了冯道，认为这位三十年的故旧世交，总不会欺骗他，没想到一到宗州，刘斌就被郭威的军队解除了武装。冯道又为后汉的稳固立了一大功。

冯道频繁跳槽，见利忘义的行为并不值得嘉许，不过他做选择的眼力见儿也是一个大本事。想来冯道每次的选择不一定就是心甘情愿，但很多事情你不能只想着得遂心愿，更重要的是要看气候。

面对困难要当机立断

遇事犹豫不决是做选择的大忌，很多人在面对困难时，往往会惊慌失措，难以取舍，这样拖来拖去，良机逝去，困难就更难解决了。

有一个寓言，说一个人站在两扇门前，一扇门上写着"生"，一扇门上写着"死"。该推开哪扇门呢？推开"生"门吧，谁知道它是不是骗人的！推开"死"门呢？万一它是真的怎么办？于是，这个人就痛苦地站在两扇门前，一动也不敢动，一直到死神把他带走为止。生活中很多人也是这样，面对困难总是难以做出选择，结果事情变得更糟糕了。其实困难已经存在了，既然躲不开，你就只能冷静地面对它。

困难对于拿破仑来说，那是家常便饭。

我们都知道拿破仑，而1812年的10月，对着空空的莫斯科城，拿破仑面临着一大堆的困难，食物短缺，看到的是走在莫斯科大街衣不蔽体的法国士兵。寒冷的俄国，已不再适合他们呆了。

拿破仑下令撤离莫斯科。

大雪纷飞，气温奇低。法国士兵有的被严寒冻死了，有的开了小差，士气比气温更低。在漫长的雪道上行走，还时不时遭到俄国人的伏击。

俄国人三番五次地重点进攻拿破仑的骑兵，摧毁他的炮兵。

拿破仑召开了高层军事会议，将军们愁眉苦脸地看着他。他听完将军们介绍的各种困难后。一点儿也不着急，只是静静地看着他们，若无其事地说：

"你们认为这算困难吗？这叫作什么危难！没有什么大不了的。我们会解决的，我就是一个从困境中长大的人，逆境教会了我如何解决困境的。"

皇帝的镇定鼓舞着将军们。面对着军营外的冰天雪地，他们似乎感到拿破仑的坚强和勇气。于是他们进行安抚士兵的工作。

皇帝的信心同时也鼓舞着士兵们，队伍继续撤退，拿破仑被迫丢掉了许多辎重。而且他的炮兵、骑兵一点点地被俄国人吃掉，军队已经显得凌乱不堪。这简直就是一场痛苦的撤退，士兵们的士气又在一步步降低。

对于拿破仑来说，他本人并没有气馁，他知道，只有一条路，就是充满信心，那就能成功，也许，这是他进行战争以来所面临着的第一次痛苦。

撤离的痛苦没有击倒拿破仑，然而更有雪上加霜的危难考验着他。

当通讯员将一道消息递给拿破仑后，拿破仑不声不响地看着，上面写着的是镇守巴黎的将军弗兰斯起兵发动政变，占据了巴黎，并宣布废除拿破仑皇帝头衔。

这一消息使军队发生了震动，但拿破仑凭着他的威信很快地将这个震动平息。

他是一个骑着战马驰骋在战场上勇于斗争的皇帝，他果断地下了命令。

一方面他命令将军们安抚士兵，一方面他和克兰储将军带领一些随从从雪道返回巴黎。

在白茫茫的辽阔的草原上，拿破仑和克兰储将军立在雪橇上，而雪橇在草野上飞驰，像一支飞翔的俄罗斯的大鹰。而他——拿破仑，有如太阳般的伟人，朝着他的法兰西驰去，他神情肃穆地和克兰储谈着话。

克兰储用崇拜的眼光看着他，并不断提出善意的批评。他被拿破仑的真诚、开诚布公所感动。他感觉到他们不是去阻止一场政变，而是去进行一场小小的游戏。

穿着皮毛大衣，蜷缩着冻僵的身子的拿破仑听着克兰储善意的反对意见，就想去揪克兰储的耳朵，但一摸到他那厚厚的皮帽时，根本找不到机会下手。拿破仑便笑了，说：

"你这个家伙，现在看问题还像个小孩子。"

"我们到巴黎只不过是去平息一场小小的误会罢了，一切都会好起来的。"

　　受了拿破仑的鼓舞，克兰储和随从们都感觉到沐浴在春风里。

　　他站在雪橇上，似乎在自言自语："我现在渴望和平，能有个和平的世界，那该多好啊！"

　　到了巴黎后，他没有公开露面，而是先到皇后的卧室里。玛莉第一眼看到他时，十分吃惊的样子。他得意地说："我回来了，我是来拿回我的皇位的。"

　　玛莉在他怀里哭开了，说："皇帝，你一定会的，一定会的。"

　　拿破仑略作休息后，便和克兰储溜进了军队，接见了另外两名将军，当士兵们听说皇帝回来了，于是整个军营便开始沸腾起来。

　　士兵们便开始互相议论："皇帝回来了！""皇帝回来了！"

　　拿破仑发表了即兴演讲，鼓舞士兵们和他一道解除政变。

　　这场政变正如拿破仑的所说的那样，只不过是小小的一场误会罢了。

　　拿破仑重新获得皇帝的称号，重新占据了巴黎。

　　在一个人关系一生命运的十字路口也好，平常工作生活中的大事小事也好，总是无时无刻不需要你做出选择，选择是痛苦的，但同时也是一次机会，果断地做出选择，你会获得另一片新天地。

拨开迷雾，选我所爱

我们一开始所进入的行业、所从事的工作往往是一种被动的选择，但是有多少人一方面感叹"我不喜欢这个工作"，"再这样下去我的专业都荒废了"，另一方面却在"待遇不错"、"工作还算轻松"、"某领导对我很器重"的自我麻醉下沉寂下来，于是你沿着一个内心深处并不希望的方向固执、而又是心安理得地走下去。若干年后你一时警醒会不自禁地说：要是我当初一刀斩断跳出来重新选择多好。

杰克和托蒂正是"当初"就做出了正确的选择。

"刮别人胡子之前，先刮自己的"，这正是几年前，杰克拍过的广告的广告词，杰克也因此踏进了演艺圈，很多人上门找他拍戏，一时间，演艺前途颇被看好。不过，杰克并没有久留，前后大约只维持了两年光景，就毅然脱离演艺生涯。

杰克发现，演艺事业并不适合自己，他一心想找出未来的方向。

杰克常常是在天黑之后，一个人跑到海边钓鱼、发呆。有一天，他独坐海边，远远地望着对岸市区内的灯火，心里突然有一股声音出现："我这是在干什么，难道一辈子老死在这里无所事事，不如去开餐厅吧！"

杰克立即在脑海中搜索，从小到大自己最喜欢的事是什么？"吃"是杰克认为最有意义的事，他一向是家里的烹调高手，没事可以一整天待在厨房里"研发"，"我为什么不好好发挥自己的这项专长呢？"

杰克紧锣密鼓地展开他的创业大计。一面找人筹募资金，一面到大学选读会计、行销的课程。不久，他的概念式泰国餐厅开幕了，杰克负责的职务从洗碗、配菜、打杂到掌厨，几乎全套包办，一旦忙起来，每天工作十几个小时，下班回家还抱着食谱继续研究，非搞到深夜不罢休。

看他这么投入，朋友忍不住问他："你干吗做得那么辛苦？"杰克回答："因为我找到了最爱。"在他来看，做菜不仅是一门艺术，也等于是在实验室里做实验，只要放入各种元素，就能产生千变万化的结果，乐趣实在太大了！他笃定地说："我已经打算把'吃'当成一辈子的事业。"

就像许多刚走出校门的年轻人一样，杰克也曾经徨、摸索过，然而，当他决定从自己的"最爱"出发，他很庆幸自己在三十岁以前，终于找到了方向。

曾经听过一句话：人最可悲的，就是穷其一生只能做一种选择，万一选错了，又得从头再来，但又发现时不我予。所以，当你还有时间再做选择时，就要当机立断。

譬如，要不要换工作？要不要辞职？要不要结婚？要不要生小孩？要不要出国？要不要创业？要不要买房子？要不要……生活里每天都充满了各式各类的选择题要你做决定。

你自问："要怎么选择，才不会后悔？"这个问题有标准答案吗？

也许你认为，天下最难的事，莫过于把梦想转为真实。不过，在你的周围，确实有很多"美梦成真"的故事不断在发生。这些人成功的原因是，他们努力发觉所爱，不随波逐流，不人云亦云，他们永远都在做自己喜欢的事。

著名的华德·迪士尼先生说过："一个人除非做自己喜欢的事，否则很难有所成就。"就以工作来说，如果你认为工作的目的只是为了薪水袋，只是为了换取生活的粮票，那你这辈子恐怕就很难有所作为了！

换句话说，你是以"赚钱"作为选择工作的依据，完全置自己的兴趣于不顾，那么，你已经踏出了错误的第一步。

工作与生涯之间的最大区分是：工作只是你每天在做的事情，而生涯却事关你一辈子的生活方式。假使你不喜欢一份工作，只是为了"钱"而不得不与之为伍，一过就是十年、二十年，当有一天他猛然发觉，自己的人生竟然如此贫乏，耗尽半生光阴却没有做过一件令自己快乐的事。

如果你选择自己喜欢的事去做，即使赚钱不多，却乐此不疲，结果你反而会发现，由于坚持所爱，不仅让你彻底发挥才能，甚至终能闯出一番不凡的局面。

做选择的确很难，不会有人告诉你好坏，对错如何选择。唯一的衡量标准就是，一旦走起来感觉兴味盎然，那就对了！不要迟疑，赶紧去找一份让你充满干劲的事来做，而且你愿意为了这件事每天迫不及待地全力投入，那么，距离美梦成真就为期不远了！

人生本来就需要做选择，但是一定要做"对"的选择，秘诀就是"择你所爱，爱你所择"，如果一辈子不能做自己喜欢的事，岂不白活一场？

第三章

误在说话：不先动脑乱开口

生活中很多时候，我们办事不顺、与人交往失败都是由于说话方面的问题造成的。很多人说话时不留神，不管情况怎样就乱开口，结果十句话里面可能有九句半让自己在事后感到后悔不已。说话是一件很重要的事情，不会说话办不成事，不会说就要得罪人，所以动口之前一定要先动脑，看场合说话，看人说话，同时说话还要有分寸。不要轻视说话上存在的缺陷，如果听之任之，它将给自己的生活、事业带来巨大的危害。

能声下气未必能办成事

有时候，开口就把所求之事告诉对方，一旦被对方回绝，便没有了回旋的余地。不妨尝试着用"顺便提起"的说话技巧，好像不经意间说出来，让对方不知不觉中答应下来。

美国《纽约日报》总编辑雷特身边缺少一位精明干练的助理，目光瞄准了年轻的约翰·海，他需要他帮助自己成名，帮助格里莱成为这家大报的成功出版家。而当时约翰刚从西班牙首都马德里卸除外交官职，正准备回到家乡伊利诺伊州从事律师业。

雷特请他到联盟俱乐部吃饭。饭后，他提议请约翰·海到报社去玩玩。从许多电讯中间，他找到了一条重要消息。那时恰巧国外新闻的编辑不在，于是他对约翰说："请坐下来，为明天的报纸写一段关于这消息的社论吧。"约翰自然无法拒绝，于是提起笔来就做。社论写得很棒，格里莱看后很赞赏，于是雷特请他再帮忙顶一个星期、一个月，渐渐地干脆让他担任这一职务。约翰就这样在不知不觉间就放弃了回家乡做律师的计划，而留在纽约做新闻记者了。

由此可以得出千条求人办事儿的规律：央求不如婉求，劝导不如诱导。

在运用这一策略的时候，要注意的是：诱导别人参与自己的事业的时候，应当首先引起别人的兴趣。

当你要诱导别人去做一些很容易的事情时，先得给他一点小胜利。当你要诱导别人做一件重大的事情时，你最好给他一个强烈刺激，使他对做这件事有一个要求成功的希求。在此情形下，他的自尊心被激起来了，他已经被一种渴望成功的意识刺激起来，于是，他就会很高兴地为了愉快的经验再尝试一下。

凡是领袖人物，都懂得了这是使人合作的重要策略。但有的时候，常常要费许多心机才能运用这个策略，有时候又很便当。像雷特"猎获"约翰一例，他只是稍许做了些安排。

总之，要引起别人对你的计划的热心参与，必须先诱导他们尝试一下，可能的话，不妨使他们先从做一点容易的事儿入手，这些容易成功的事情，在他们看来，往往是一种令人兴奋的真正的成功。

学会说必要的假话

通常情况下，在待人处世中都讲究真诚，说假话最要不得。但是如果你善于把假话当成真话来说，讲究说谎的尺寸和艺术，假话也会给你带来好处，因为人性中一条很重要的弱点，就是大家都乐于被虚假的事实所安慰。但千万要注意假话不能说得太假，不然别人会当你是在讽刺他，说假话也要一脸真诚这样才能打动人。

日本有一家关西药房，这家药房的老板人缘极好，不管是真话还是假话，只要从他嘴里说出来，总是那么动听，因而生意兴隆。每当顾客一上门，他就马上起身相迎，满脸带着客气地打躬作揖说"欢迎光临"，使进店来的顾客感到心情愉悦，产生被人重视的满足感。接下来，药房老板开始发自内心地说他的假话，例如对于年纪大的人，就说"你看起来真年轻！"，对于爱美喜欢打扮的小姐太太，说些"你身上穿的这套衣服很漂亮"之类令人听了舒坦又温馨的话。

由于药房老板的假话说得态度诚恳，顾客也愿意和他来往，药房生意也就自然红火。

说好假话最关键的是态度要诚恳，不要犯对方的忌讳。倘若你以漫不经心的态度，向对方说一些听起来舒坦愉悦的话，即使是礼貌性的赞美，有时对方非但不接受你的心意，反而会对你产生虚伪的不良印象；因此，诚恳认真的表情是改变对方心理的重要策略。纵然你说的话完全与事实不同，是真正的假话，但只要是极具诚意地表示，对方仍会相信这是你由衷之言，自然就会对你产生良好印象，这是不证自明的道理。

小张到店里去买自行车，由于知道自己身长腿短，不成比例，选好车子付了钱之后，便请老板把车座调低，谁知车店的老板一番仔细瞧看后，以极具真诚的表情说："先生，你的腿绝对是长的！"顿时，小张飘飘然地望着老板把自行车的车座调高，然后，以风驰电掣般的速度，骑着自行车驶向温暖的家。路上，想着老板充满自信又果断的"你的腿绝对是长的"这句话，内心不由自主地欣喜若狂。

那位老板的赞美显然不符合事实，而且他的动机也不清楚。纵然如此，小张还是很感谢他。

毋庸置疑，说假话的时候你的最佳策略，便是"认真的表情"。最好是在以认真的表情用假话恭维对方时，能够把既干脆又果断的说法及语气派上用场。比如说，在与他人打招呼寒暄"你看起来容光焕发，神采奕奕"之后，马上再补上一句"看起来比你的实际年龄年轻多了！"相信对方必然会洋溢一股飘飘然的满足感，对你更是产生良好的印象，因为喜欢被人赞美年轻，是人之常情。

一般来说，大部分的人，都相当重视自己给人的第一印象，因此，想要令他人对自己产生良好的第一印象，在首次会面时，不妨将对方的年龄按实际年龄七折，这是最佳的策略，因为打九折所产生的作用不大，而打五折又有虚伪之嫌，所以折中下来，七折是最佳的程度。

例如，对方足六十岁的人，你就要说"你看起来像四十多岁的样子！"当然，对方一定会吓一跳。而为了避免让对方产生被愚弄的不悦感，你必须先奠定对方的确是四十多岁的"心理准备"，再以认真的表情向对方赞美，如此循序渐进、按部就班地确切实施，对方就会很容易地接受你的"假话"，而且会被你的诚意打动而深感愉悦。

与你的上司打交道时，必须时刻小心才是，当上司问你任何一个问题时，在你的脑海里都要很快闪过这类念头：他提问的真正"目的"何在？然后针对他的"目的"，具体地回答，而并非问什么都如实地回答。该说一些符合常情的假话就大胆地说，不要有什么不好意思；当然，这里也不是说全对上司说假话，而是说你应该说的话。

总之，说假话要说得恰到好处，否则，弄巧成拙不说，还会给人留下虚伪做作的印象。

"嘴茬子"太厉害没好处

有一种人，反应快，口才好，心思灵敏，在生活或工作中和别人有利益或意见的冲突时，往往能充分发挥辩才，把对方辩得哑口无言。

为什么你一定要与对方辩论到底以证明是他错了？这么做除了让你感到一时的快意之外还有什么呢？那能使他喜欢你？或是能让你们的合同签订？要想拥有良好的人际关系，要想使自己在事业上游刃有余，在朋友中广受欢迎，在家庭中和睦相处，你最好永远避免和别人发生正面的冲突。

"永远避免和别人正面的冲突。"这一教训非常重要。有个喜欢辩论的学者，在研究过辩论术，听过无数次的辩论，并关注它们的影响之后，得出了一个结论：世上只有一个方法能从争论中得到最大的利益——那就是停止争论。你最好避免争论，就像避免战争或毒蛇那样，你永远不能从争论中取得胜利，如果你辩论失败，那你当然失败了；如果你得胜了，你还是失败了。这是因为，就算你将对方驳得体无完肤，一无是处，那又怎样？你使他觉得自惭形秽、低人一等，你伤了他的自尊，他不会心悦诚服地承认你的胜利。即使他表面上不得不承认你胜了，但他心里会从此埋下怨恨的种子！

波音人寿保险公司为他们的推销员立下一条规则："不要争论！"真正完美，有效的推销，不是靠争论得来的，甚至最不易让人觉察的争论也要不得，因为争论并不能让人改变自己的意愿；

曾有一位名叫杰克的爱尔兰人，他受的教育很少，但很喜欢与人辩论不休。他当过司机，后来又做汽车推销员，但他没有一次能成功地卖出一辆载重汽车。虽然，他十分想把汽车卖给顾客，但如果一位未来的买主对他出售的汽车说出任何贬低的话语，他就会恼怒地打断那人的话头，大声地为自己的汽车辩护？当然，他的确胜过不少辩论。后来他对培训部的经理说："我常无可奈何，我又教给那些人一些东西，但他们并没有因此而买下汽车。"

培训部的经理摸透了杰克的实际情况，便教他如何保持克制，以避免和别人发生冲突，要知道，杰克不久便成为纽约怀特汽车公司的一位推销明星了，他是如何成功的呢？这是他自己的说法："假如现在我去向客户推销汽车，如果他说：'什么？你们的汽车？你白送给我，我都不要，我要买赛伦牌的车。'我便告诉他赛伦牌的确是一种好卡车，如果你买那种牌子，那肯定错不了。赛伦牌为一家十分可靠的公司所制造，推销员也很优秀。"

"这样他就无话可说了。如果他说赛伦牌最好，我同意他的说法，他总不能整个下午一直说赛伦牌最好了。然后我们离开这个话题，我开始给他介绍我们的卡车的优点。"

正如充满智慧的富兰克林所说："如果你辩论、争强，你或许会获得胜利；但这种胜利是得不偿失的，因为你永远无法得到对方的好感。"

因此，你要自己好好权衡一下，你想要什么？只图一时口才表演式的快感，还是一个人的长期好感？

在你进行辩论的时候，你也许是绝对正确的。但从改变对方的思想上来说，你大概一无所获。

人有好口才不是坏事，但运用不当则会坏事。把"逞口舌之快"当成一种"快乐"，这是这种人最大的悲哀。要时刻牢记：逼人不可太甚，给自己留条后路。为此：

第一，把口才用来说明事理，而不是用来战斗。不过当有人攻击你时，你当然可以"自卫"。

第二，有好的口才，也必须有相对的内涵，否则别人会笑你全身只有舌头最发达。

第三，要驳倒对方，保卫自己的意见时，点到为止即可，切莫让对方"无地自容"，换句话说，要给对方台阶下。

第四，别人得罪你时，你虽理直气壮，但也不必把对方骂得狗血淋头。

第五，若自己的观点有错，要勇于认错，并接受对方的观点，切莫用辩论的技巧死命反击，因为黑就是黑，白就是白，硬辩只会让人看不起你。

第六，不要盲目相信直觉，当有人提出不同意见的时候，你第一个自然的反应是自卫。你要慎重，要保持平静，并且小心你的直觉反应，这很可能是你最薄弱的地方，而不是你最好的地方。

第七，留有余地，如果得理穷追猛打，逼得对方走投无路，有可能激起对方"求生"的意志，而既然是"求生"，就有可能是"不择手段"，这对你自己将造成伤害，好比老鼠关在房间内，不让其逃出，老鼠为了求生，将咬坏你家中的器物，放他一条生路，他"逃命"要紧，便不会对你造成伤害。

而且，你给对方留有一定的余地，也会因此而心存感激，来日自当图报，就算不如此，也不太可能再度与你为敌。这是人性。不留余地，伤了对方，有时也连带伤了他的家人，甚至毁了对方，这有失厚道。人海茫茫，但却常"后会有期"，你今天得理不饶人，焉知他日不狭路相逢？

化解窘困宜明话暗说

在人们交际的过程中，一定有各种各样的人。比如说文化层次的不同，有人是目不识丁的文盲，有人是博学多才的教授。知识水平不同的人，表达同样的意思，说出的话却大不相同。同样，他们理解同样的一句话的意思也不大相同。我们常常听到"三句话不离本行"这样的话，如果能针对各种人的知识水平和知识结构而采取相应的应变方式与他们对话，势必能取得良好的效果。

生活中，总是出现一些令人意想不到的事情。因为交际双方是一种积极地参与，而非刻板、机械的迎合，所以交际情景也会不断地发生变化。面对变化着的情景，尤其是仓促而至的窘境，需要我们调动一切可以调动的语言表达手段，以达到自己想要达到的交际目的，明话暗说就是很有效的一种。

首先是自嘲式的明话暗说。在交际中，有机会碰上因为自身的缺点或其他原因而出现的尴尬事，要是你懂得"自嘲"，巧妙地"揭自己的短"，反而会使自己败中求胜，树立良好的交际形象。

麦克阿瑟一贯以傲慢著称。有一次，杜鲁门会见他时，他不慌不忙地取出烟斗，装好烟丝，取出火柴准备点燃的时候，才问杜鲁门："我抽烟你不介意吗？"

麦克阿瑟显然并不是真心征求杜鲁门的意见，这使杜鲁门十分难堪。因为如果现在表示很介意的话会显得有点霸道。

此时，杜鲁门看了看麦克阿瑟，说："抽吧！将军，别人喷到我脸上的烟雾，要比喷在任何美国人脸上的烟雾都多。"

杜鲁门的这番自嘲，不但自尊心得到保护，而且还向美国人显示他的大度与宽容。还有，他把自己摆在"受害者"的地位上，可博得美国大众的同情与支持。

再就是借物说事式的明话暗说。在交际中，常可以利用身边的实物来说明某种道理或者摆脱困境，或以某件能与话题搭上关系的物品来进行对比，达到一种形象化的效果。

在民间，有一则关于蒲松龄的传说：

有一次，蒲松龄到王大官人家去做客，被众人推到了上座，但独眼的管家却从下席开始斟酒，有意把他落在一旁不管。王大官人也想故意作弄他，端起酒杯朝他说："蒲先生，喝呀！"

蒲松龄端坐不动，他笑着说："大家先别急着喝酒，我说个笑话给大家助助兴。我刚出门那会儿，碰到内人正用针在缝衣服，就以针为题即兴作诗一首，现在念给大家听听：'一头尖尖一头扁，扁间只有一只眼。独眼只把衣裳认，听凭主人来使唤。'"

大家听了，一齐朝独眼管家看去，极力强忍笑意，于是大声叫好。这样一来，反而使王大官人及其管家狼狈不堪。

蒲松龄借用了针的形象，尖锐地讽刺了想为难自己的王大官人及其家人，不但保全了自己的尊严，也让捉弄自己的交际对象"搬起石头砸自己的脚"。

生活与工作中，你也可以假身旁之物摆脱困境，让左右为难的自己找到下台阶。

如果某人在你的办公桌前滔滔不绝，而你却不能耽搁太多的时间。若喋喋不休的人是下属或是朋友那还好办，偏偏又是得罪不起的人物，你怎么办呢？

你可以与个纸给同事小林："到隔壁的办公室打个电话给我。"

用不了几分钟，电话响了。你可以大声说："什么，马上去！这儿有位很重要的客人，什么？不去不行？那……好吧。"

一般来说，那牢骚不已的来客会示意你，赶快去。如果他没这么说，你也可以假装满心歉意，送走来客且不会伤了他那可怜的自尊。

作为女性，经常有男士的邀请，如果想拒绝又不伤对方的心，办法有许多种，借物脱困无疑是其中的妙着之一。

例如，有位男士走到你面前，说了一句："欢迎你参加！"然后就把一张入场券递给你。这时你想拒绝他，又要让他下得了台阶。你可从皮包里拿出笔记本，打开一看，不论看到什么，都可说："哎呀？我和小王小张约好今天去购物，你只有和别人同去了，不过还是很谢谢你。"

使用笔记本，给人错觉上面记着自己的时间安排，婉言拒绝了对方，达到了自己的交际目的。

生活中，我们总会碰上一些猝不及防的事情，弄不好就会让自己下不来台，所以我们要学会掌握这种临机应变的说话技巧，明话暗说，这样才能化险为夷。

说话有时也要换个角度

说话应变是一种智慧的较量，有的时候你正常说话可能会行不通，不说又不行，如果你仍照直说，说不定就会给自己惹来麻烦，这时你不妨换一个角度、换一种说法，事情可能就水到渠成地解决了。

总结了一下，常用的说话也不外乎以下几种情况：

一是借别人的口说自己的话。

西安事变前夕，张学良和杨虎城频繁晤面，都有心对蒋发难。可在对方没亮明态度之前，谁也不敢轻易开口。眼看时间越来越近，双方都是欲说还休。杨虎城下面有个著名的共产党员叫王炳南，张学良也认识。在又一次晤面中，杨虎城便以他投石路，说道："王炳南是个激进分子，他主张扣留蒋介石！"张学良及时接口道："我看这也不失为一个办法。"于是两个聪明的将军开始商谈行动计划。

二是用虚话套实话。

做老实人说老实话，应是为人的一条准则，但直炮筒子未必处处受欢迎，特别有时连自己也不明白要说的是不是实话，那该怎么办呢？

张某托好友王局长为自己办件事，忽然听说他被捕"进去了"，又不知真假，就到张家探望。确实只有局长夫人在家，满脸愁容。张某开口道："老王怎么没在家呀？"果然张夫人长叹一声："唉！心脏病又犯了，昨天送进医院了……"

三是用轻松幽默的玩笑话说实事。

轻松幽默的话题，往往能引起感情上的愉悦；庄重严肃的话题会使人紧张慎重。只要有可能，最好能把沉重严肃的话题用轻松幽默的形式说出来，这样对方可能更容易接受。

一个年青打工者在一家外资企业打工，在较短的时间内，连续两次提出合理化建议，使生产成本分别下降 30% 和 20%。大鼻子老板非常高兴，对他说："小伙子，好好干，我不会亏待你的。"

这青年当然知道这句话可能意义重大，也可能不值一文。他想要点实在的，便轻松一笑，说："我想你会把这句话放到我的薪水袋里。"洋老板会心一笑，爽快应道："会的，一定会的。"不久他就获得了一个大红包和加薪奖励！

面对老板的鼓励，青年人如果不是这样俏皮，而是坐下来认真严肃地提出加薪要求，并摆出理由若干条，岂不太煞风景，甚至适得其反。

四是绕个弯子套对方说话。

有时，一些话自己说出来显得尴尬，这时，诱导对方先开口无疑是上上之策。

王某准备借助于好友赵某的路子做笔生意，在他将一笔巨款交给赵某的第二天，赵某暴病身亡。王某立刻陷入了两难境地：若开口追款，太刺激赵某的未亡人；若不提此事，自己的局面又难以支撑。

帮忙料理完后事，王某是这样对赵夫人说的："真没想到赵哥走得这么早，我们的合作才开始呢。这样吧嫂子：赵哥的那些关系户你也认识，你就出面把这笔生意继续做下去吧！需要我跑腿的时候尽管说，吃苦花力气的事情我不怕。"

看他，丝毫没有追款的意思，还豪气冲天，义气感人，其实他明知赵妻没有能力也没有心思干下去。话中又加上巧妙的提醒：我只能跑腿花力气，却不熟络那些门路；困难不小还又时不我待。

结果呢？赵妻反过来安慰他道："这次出事让你生意上受损失了，我也没法干下去，你还是把钱拿回去再找机会吧。"

当然，这里只是简单列举一下，我们的生活如此丰富、瞬息万变，重要的还是我们自己能够从变化中找规律、抓规律，才能让自己说话时左右逢源、滴水不漏。

说错话要能及时认错

"人非圣贤、孰能无过"，关键在于如何处理。生活中常有些人说错偏不认错，不把错话当回事，结果本来只要一声对不起就能解开的小误会，慢慢就变成了大矛盾，这时再要求人原谅就难了。

有一次黛博拉在同同事谈话时称其上司是"机器人"，结果被上司知悉。于是黛博拉给上司写了一张条子，约他抽空谈一谈，上司同意了。"显而易见，我用的那个词绝无其他用意，我现在倍感悔恨。"黛博拉向上司解释说。"我之所以用'机器人'之类的字眼，只不过是想开个玩笑，我感到上司对我们有些疏远、麻木，因此，'机器人'三字不过是描述我这种感情的一种简短方式"。上司为黛博拉合情合理的解释和自我批评而深受感动，他甚至当即表态，说要努力善解人意，做个通情达理的人。

把问题讲清楚，通过这种方式，黛博拉帮助上司做到了平心静气，并顺利地解决了他们之间的信任危机。

诚然，推卸责任是我们找借口辩解的一种方式，然而，问题不在于我们要找借口辩解，而在于我们辩解时不能太直率、太生硬。

任何人都会进行辩解。堪萨斯州大学心理学家，就此类主题写过两本书的斯尼德指出："如能使对方感到出现目前的过失是事出有因，而且保证不再会重复，就要找借口辩解解除对方的紧张情绪。"

终止，偃旗息鼓，这是自己在论战中不慎失误，造成明显不利形势时，采取的一种暂时退却的策略，以便振作精神，调整战术伺机再战。

任何人在论战中都难免失误，任何一方都可能遇到强劲的对手，若一方稍有不慎，就会被强敌抓住把柄击中要害。此时既不能强辩，也不可狡辩，否则将失败得更惨。为了终止已造成的失误，最好装聋作哑，不予理会。雄辩大师丘吉尔说："我以多次陷入相似境地的同事身份，让我冒昧地提出劝告，最好的撤退方法就是一心一意地撤退。"

历史上和现实中许多能说会道的名人，在辩论失利时仍死守自己的城堡，因而惨败的情形不乏其例。比如1976年10月6日，在美国福特总统和卡特共同参加的、为总统选举而举办的第二次辩论上，福特对《纽约日报》记者马克斯·佛朗肯关于波兰问题的质问，作了"波兰并未受苏联控制"的回答，并说"苏联强权控制东欧的事实并不存在"。这一发言属明显的失误，当时遭到记者立即反驳。但反驳之初佛朗肯的语气还比较委婉，意图给福特以订正的机会。他说："问这一件事我觉得不好意思，但是您的意思难道在肯定苏联没把东欧化为其附庸国？也就是说，苏联没有凭军事力量压制东欧各国！"

福特如果当时明智，就应该承认自己失言，然而他觉得身为一国总统，面对着全国的电视观众认输，绝非善策，于是继续坚持，一错再错，结果为那次即将到手的选举付出了沉重的代价。刊登这次电视辩论会的所有专栏、社论都纷纷对福特的失策作了报导，他们惊问：

"他是真正的傻瓜呢还是像只驴子一样的顽固不化？"

卡特也乘机把这个问题再三提出，闹得天翻地覆。

高明的论辩家在被对方击中要害时决不强词夺理，他们或点头微笑，或轻轻鼓掌。如此一来，观众或听众弄不清葫芦里藏的什么药。有的从某方面在理解，认为这是他们服从真理的良好风范；有的从另一方面理解，又以为这是他们不屑辩解的豁达胸怀。而究竟他们认输与否尚是个未知的谜。这样的辩论家即使要说也能说得很巧，他们会向对方笑道："你讲得好极了！"

公开讲话也好，与人交往也好，犯错在所难免，而有些看似不经意的错误可能带来严重的后果。所以及时认错、及时低头，开诚布公地讲一些能让人谅解的低头话才是会说话、会办事的表现。

第四章

误在为人：聪明反被聪明误

都说"做人不能太老实"，于是人人想做聪明人；才学比人高，做事比人聪明，只占便宜不吃亏……结果我们看到偏偏是一些聪明人常常怀才不遇、把一些简单的事情办得乱七八糟，精打细算，却吃了大亏。问题出在我们太过聪明、聪明过度的人往往会自作聪明，机关算尽，反误了卿卿性命。

把握露与不露的分寸

初入社会时，朋友会告诉你"一定要锋芒毕露，这样才能在同辈中脱颖而出，是千里马就应该跑在最前头！"同时长者也会告诫你"年轻人切忌锋芒太盛，'直木先伐'所以应当藏而不露！"。其实这两种说法都未免走了极端，在这里你不妨试试儒家的中庸之道，半藏半露会让你更加出色。

或许你有别人不具有的特殊才能，甚至还有经天纬地之才，但刚刚进入一个新的工作环境，没有人了解你，领导看你就像一张白纸，文章做得怎么样就看你的发挥了。

因此，从这个角度上讲，要想怀才而遇，就必须才华外露，不露，就没人知道你有这种才能；领导不了解你，也就没法重用你、提拔你。如果你把自己的能力一直隐藏起来，时日一久，领导就会认为你是无能之辈，不再理你了。

时势造英雄。因此，"露"要掌握时机。没有第二次世界大战，哪里有朱可夫那样的元帅，哪里有丘吉尔那样的首相，哪里有罗斯福那样的总统？所以要把握住机会，不鸣则已，一鸣惊人。

同时，"露"还要看你的领导是怎样的人。上司开明，他会因你外露的才能而用你。如果你在嫉贤妒能的领导面前"露"起来没完，就要走背运了。有些领导不愿意把风采和才华俱胜于己的人留在身边，因为他们要防着不让人取而代之，在这样的领导面前乱露而走背运的例子从古至今比比皆是。

中国还有句俗语，叫做"出头的橼子先烂"，说的正是为人不可太露的道理，《庄子》中的"直木先伐，甘井先竭"说的也是这个道理。挺拔的树木容易被伐木者看中，甘甜的井水最容易被喝光。才华横溢、锋芒毕露的人也最容易受到伤害。聪明人在这种情况下就要学会保护自己。

露与不露，关键在"度"，在时机，抓住机遇露一把，就可能，功成名就。切不可露而又露，否则一步不慎，就可能事事不顺，倒霉透顶。

某县里新到的县长血气方刚，上任之初就宣布要让这个县在两年之内脱贫致富。于是这位上任的新官把三把火烧成燎原之势，大刀阔斧，撤换班底，推行改革。这位县长颇具才华，但因年轻气盛，因而，遭到县委书记等人的抵制，整个蓝图成了他的独角戏。别人非但没有发挥的余地（包括那县委书记），反而被他视为障碍。最终戏越唱越难，只好挂印走人。

在现实生活中存在着这样一种自视颇高的人，他们锐气旺盛，处世不留余地，待人咄咄逼人。他们虽然也有充沛的精力，很高的热情，也有一定的才能，但这种人却往往在人生旅途上屡遭波折。这其中的重要原因就是过于天真，没有把握好露与不露的关系。有一位分配到某单位的大学生，他下车间开始，就对单位的这也看不惯，那也看不顺，未到一个月，他就给单位领导上了洋洋万言的意见书，上至单位领导的工作作风与方法，下至单位职工的福利，都一一综列了现存的问题与弊端，提出了周详的改进意见。他被单位的某些掌握实权的领导视为狂妄、骄傲乃至神经病，不仅没有采纳他的意见，还借别的理由将他退回学校再作分配。两年之内，他同样的情况，换了好几个单位，而且还是后一个比前一个更不如意，他牢骚更甚，意见更多。

他作为锋芒毕露者的典型，在新的人际关系圈子中未能处理好包括上下级关系在内的各种关系，加上在工作上又不注意讲究策略与方式，结果不仅是妨碍了将个人的才能最大限度地发挥，还招来了妒忌和排斥。这种人就是看不到社会的阴暗面，把社会看得过于简单和理想化，而且不知道及时改变自己的思想，因而，他们往往不是因锋芒毕露而走向成功，却极易因屡受挫折而一蹶不振。

锋芒是非常扎眼的，会让许多心胸狭窄的人受不了。一些急于显露自己才能和实力，处处张扬自己的人，往往会"出师未捷身先死"，而一些善于掩饰自己的人，却往往能抓住时机，一举成功。做人做事的露与不露是个大学问，露与不露的分寸需要你在为人处世中慢慢修炼。

得意别挂在嘴边

生活中，确实有些人总认为自己高人一筹，事事比人强。于是，他们就总喜欢把得意挂在嘴上，逢人便夸耀自己如何如何能干，如何如何富有，完全不顾及别人的感受，总以为这样就能够得到别人的敬佩与欣赏。而事实上，别人并不愿意听你的得意之事，自我炫耀效果往往适得其反。

小张的母亲就是一个喜欢炫耀的人，不论谁到她家去，椅子还没有坐热，他母亲就把她家值得炫耀的事情一件一件地向你说，说话的表情还是一副十分得意的样子。小张一个同学的父亲下岗了，经济上有点紧张，他母亲知道了，非但没有安慰人家，反而对这位同学的父亲说："我家老头子每月工资三千元，我们家花也花不完。"她女儿给她买了一件漂亮的衣服，因为很值钱，她就跑到人家那里去炫耀："这是我女儿在上海给我买的衣服，猜一猜多少钱？一千八百元。"说完很得意的表情，意思是：怎么样，买不起吧。就因为她的这个毛病，现在到她家里去的客人越来越少，因为没有人愿意听她的长篇大论，充当她炫耀自己的陪衬。

在别人面前一定要多一点谦虚，少一点炫耀，尤其不能在失意者面前炫耀你的得意，因为你的得意往往会衬托出别人的倒霉，甚至会让对方认为你炫耀自己的得意之事便是嘲笑他的无能，让他产生一种被比下去的感觉，让失意的人更加恼火，甚至讨厌你。

一次，有人约了几个朋友来家里吃饭，这些朋友彼此都是熟悉的。主人把他们聚拢来主要是想借着热闹的气氛，让一位目前正陷入低潮的朋友心情好一些。

这位朋友不久前因经营不善，关闭了一家公司，妻子也因为不堪生活的压力，正与他谈离婚的事，内外交迫，他实在痛苦极了。

来吃饭的朋友都知道这位朋友目前的遭遇，大家都避免去谈与事业有关的事，可是其中一位姓吴的朋友因为目前赚了很多钱，几杯酒下肚，忍不住就开始谈他的赚钱本领和花钱功夫，那种得意的神情，连主人看了都有些不舒服。

那位失意的朋友低头不语，脸色非常难看，一会儿上厕所，一会儿去洗脸，后来他猛喝了一杯酒，赶早离开了。主人送他出去，在巷口，他愤愤地说："老吴会赚钱也不必那么神气地炫耀啊！"

在朋友面前，千万不要炫耀自己的得意，他不愿听到这样的消息，如果你只顾炫耀自己的得意事，对方就会疏远你，于是你不知不觉中就失去一个朋友。

聪明的人会将自己的得意放在心里，而不是放在嘴上，更不会把它当做炫耀的资本。

当你和朋友交谈时，最好多谈他关心和得意的事，这样可以赢得对方的好感和认同，从而加深你们之间的感情。

有一个人刚调到市人事局的那段日子里，几乎在同事中连一个朋友也没有，他自己也搞不清是什么原因。

原来，这个人认为自己正春风得意，对自己的机遇和才能满意得不得了，几乎每天都使劲向同事们炫耀他在工作中的成绩，炫耀每天有多少人找他请求帮忙，那个几乎说不出名字的人昨天又硬是给他送了礼等等的"得意事"。但同事们听了之后不仅没有人分享他的"得意"，而且还极不高兴。

后来，还是他当了多年领导的老父亲一语点破，他才意识到自己的症结到底在哪里。以后，每当他有时间与同事闲聊的时候，他总是让对方把自己的得意炫耀出来，与其分享，久而久之，他的同事们都成了他的好朋友。

每个人都非常重视自己，喜欢谈论自己，都希望别人重视自己，关心自己，如果你让他谈出自己的得意，或由你去说出他的得意，他一定会对你有好感，肯定会与你成为好朋友的。

在这个不再是独自打天下的社会，如果能让朋友认同你，你追求成功就容易多了。

现在的社会是一个崇尚自我意识的社会，没有人愿意花时间来"分享"你的得意，也没有人会认为自己比别人差，人人都有自己的得意之事，你又何必把自己的得意整天挂在嘴上。

别强迫别人接受你的意见

很多人都是一副"天下第一聪明人"的样子，自己什么都是对的，别人都得听你的。其实有时候，我们很难用简单的是非对错来衡量某一事情。看问题的角度不一样，结果也就不一样。有的人说话，不顾及别人的态度与想法，总试图把自己的观点强加到别人的身上，结果却往往会引起他人的不满。

纽约州汉普斯特市的山姆·道格拉斯，经常抱怨太太把过多的时间都用在修理草坪上了：他太太一周至少去草坪上拔草、施肥和剪草两次。而道格拉斯却认为草坪和四年前刚搬来时一样，并未变好。当他把这话说给太太听时，太太显得很不高兴。因为她确实喜欢草坪，而且能够从中找到极大的乐趣，当别人对她说"修草坪无益"时，她自然不能接受。

其实，每个人由于生活经历不同，对事物的认识也会不尽相同，如果你非要把自己的意见强加给别人，往往不能收到良好的效果。

罗克常到离家不远的公园中散步和骑马，以此作为消遣。罗克非常喜欢橡树，所以每当看到公园里一些树被烧掉时，他就十分痛心。这些火差不多都是由到园中野炊的孩子们造成的；有时火势很凶，必须叫来消防队才能扑灭，公园的角落里有一块牌子，警告人们不要在公园玩火，违者罚款。但由于牌子在角落里，很少有人看见它。公园里有警察，负责骑马巡逻，但他对自己的工作不大认真，火灾仍然时常发生。

有一次，罗克又看到公园失火，就急忙跑去告诉警察快叫消防队，可没想到他却说那不是他的事？罗克非常失望，于是以后罗克再到公园里散步的时候，就担负起了保护公园的义务。当他看见树下起火时就急忙上前警告那些野炊的孩子们，用威严的辞令命令他们把火扑灭。如果他们不听，就会恐吓要把他们交给警察。就这样，罗克只是按照自己的想法去做，只是在发泄自己的情感，全然没有考虑孩子们的感觉。

结果呢，那些儿童怀着一种反感的情绪暂时遵从了。转过身去的时候，他们又生起了火堆，并恨不得把整个公园烧尽。

随着时间的推移，罗克逐渐懂得了与人相处的道理，知道了怎样使用技巧，并更懂得了尊重别人的道理。于是他不再发布命令，甚至恐吓。而是说："孩子们，玩得高兴吗？你们在做什么晚餐？我小时候，也很喜欢生火，直到现在我仍然很喜欢，但你们知道在公园里生火是很危险的吗？我知道你们几个会很小心，但别的孩子就不一样了。他们来了也会学着你们生火，回家的时候却又不把火扑灭，这样就会烧掉公园里的所有树木。如果我们再不谨慎的话，我们就不会再看到这里的树木了。因为在这里生火，还有可能被警察抓起来。我不干涉你们的兴致，我很愿意看到你们开开心心的，但我想请你们在离开时，把火用土埋起来，并把火堆旁边的干枯树叶拨开，好吗？你们下次来公园玩时，可不可以到山丘的那一边，就在那沙坑里取火，那样就不会有任何危险了。多谢了，孩子们，祝你们玩得快乐。"

这样的说法，产生的效果可好多了！孩子们听了之后都非常听话，而且很愿意接受和合作。他们没有被强制服从命令。罗克为他们保全了面子，双方的感觉都很好。

在与别人交往的过程中，一定要顾及对方的感受，以宽容为怀，即使他人的观点真的不正确，应该坚持与对方共同探讨下去，而不是自以为然地强迫别人接受你的意见。

小事儿不要太计较

一些人自诩为聪明人，一副精明过人的样子，总是抱着"以牙还牙，以眼还眼"的决心，摆出一副寸土必争的姿态去面对生活中一些鸡毛蒜皮的小事儿。他们做人的原则就是半点不吃亏，但实际上恰恰是这样"聪明人"容易吃大亏。

公交车上总是会有那么多人，从来就没有空的时候，这日薇薇下班回家，在公司门前的那个站牌等公车。千等万等，终于来了一趟。

哇！公车里好多的人，黑压压的只能看见一堆脑袋。薇薇努力的向上挤，终于挤上了车。但挤车时一不小心，踩了旁边的胖大嫂一脚。胖大嫂的大嗓门叫开了："踩什么踩，你瞎了眼了？"薇薇本还想道歉来着，但一听这话面子上挂不住了，超高"就踩你了，怎么着？"

于是，两个女人的好戏开演了。双方互相漫骂，恶语相加。随着火力的升级，两人竟然动起了手，胖大嫂先给了薇薇一下，薇薇也立即以牙还牙，两手都上去了，在胖大嫂脸上乱抓一通。

薇薇的指甲长，抓破了胖大嫂的脸，而她却没怎么受伤。想到这里，薇薇不禁得意起来。

终于回到了家，一进家门薇薇便向老公倒起了苦水。不过她倒认为自己没吃亏，反倒把那恶妇抓破了脸，所以，讲到这里一脸的灿烂，这时老公看了她一下，惊奇地问道，你右耳朵上的那个金耳坠呢？薇薇一摸耳朵，耳坠早已不见了……

我们经常以为以牙还牙就是让自己不吃亏的最大原则，总以为别人占自己一分便宜，自己就要想尽办法占三分回来，否则自己就是吃了大亏，但事实真的就像我们想象的那么单纯吗？

其实不然，因为，当你得意扬扬地以为自己什么亏都没吃到，实际上，可能反而是吃了大大的亏。

战国时，梁国与楚国相邻。两国夙有敌意，在边境上各设界亭（哨所）。两边的亭卒在各自的地界里都种了西瓜。梁国的亭卒勤劳，锄草浇水，瓜秧长势很好；楚国的亭卒懒惰，不锄不浇，瓜秧又瘦又弱。

楚亭的人觉得失了面子，在一天晚上，乘月黑风高，偷跑过去把梁亭的瓜秧全都扯断。梁亭的人第二天发现后，非常气愤，报告给县令宋就，说我们要以牙还牙，也过去把他们的瓜秧扯断！

宋就说："楚亭陶人这种行为当然不对。别人不对，我们再跟着学就更不对，那样未免太狭隘、太小气了。你们照我的吩咐去做，从今天开始，每晚去给他们的瓜秧浇水，让他们的瓜秧也长得好。而且，这样做一定不要让他们知道。"

梁亭的人听后觉得有理，就照办了。

楚亭的人发现自己的瓜秧长势一天比一天好起来，仔细观察，发现每天早上地都被人浇过，而且是梁亭的人在夜里悄悄为他们浇的。

楚国的县令听到亭卒的报告后，感到十分惭愧又十分敬佩，于是上报楚王。楚王深感梁国人修睦边邻的诚心，特备重礼送梁王以示歉意。

结果这一对敌国成了友好邻邦。

相反，因为一点小事便让两个人甚至两个国家大动干戈，这样的事比比皆是，比如说：

——某个中国皇帝曾因一个茶壶破了而开战。

——瑞典于 1654 年与波兰开战，原因是瑞典国王发现在一份官方文书中他的名字后面只有两个附加的头衔，而波兰国王的名字后面有三个附加头衔。

——大约 900 多年前，一场蹂躏了整个欧洲的战争竟然是因为摩德纳与波洛尼亚这两个意大利城市之间关于一个打水桶的争吵而爆发的。

——有人不小心把一个玻璃杯里的水溅在托莱侯爵的头上，就导致一场英法大战。

一个小男孩向格鲁伊斯公爵扔鹅卵石，导致瓦西大屠杀和 30 年战争。发生这么一点小事便能引发这么大的冲突，而这又都是不吃小亏、互不相让的结果。

在做任何事情之前，不妨权衡一番，你所谓的以眼还眼，以牙还牙是否真的就是不吃亏，你到底是在赌气、惹气还是争气？

和小人正面冲突是自找罪受

生活中，不管你愿不愿意，你都不可避免地会碰到小人，很多时候还会和小人打交道。这些卑鄙小人为了自己的利益常做一些损人利己，甚至是损人不利己的事。一些人总是认为邪不胜正，自己处处比小人强，难道不怕斗不过他们？于是他们不顾一切陷入与小人的纠纷里，结果往往弄得焦头烂额，其实与小人冲突是一种很笨的行为，因为他们总会不惜一切代价，不择手段来算计别人，即使你再聪明也会防不胜防。所以，我们千万不要和小人正面冲突，最好是远小人又不得罪小人。

在与小人打交道时务必考虑周全，最好不要与其发生正面冲突。论实力，小人并不强大。但他们不择手段，什么下三烂的招数都可能使出来。冲突起来，纵使赢了小人，也会付出代价，惹得一身腥。俗话说"新鞋不踩泥洼地"，还是躲为上策。

"小人"随处可见，这种人常常是一个团体纷扰之所在，他们的造谣生事、挑拨离间、兴风作浪很让人讨厌，所以有些人对这种人不但厌而远之，甚至还抱着仇视的态度。

再坏的人也不愿意被人认为自己"很坏"，总要披一件伪善的外衣，而你偏要以正义之手，揭开他们的面纱，却照出了不少人的原形，这不是故意和他们过不去吗？

君子不怕传言，因为他问心无愧。小人看你暴露了他的真面目，为了自保，为了掩饰，肯定会对你打击报复。也许你不怕他们的反击，也许他们也奈何不了你，但你要知道，小人之所以为小人，是因为他们始终是暗处，用的始终是不法的手段，而且不会善罢甘休。你别说你不怕他们对你的攻击，看看历史的血迹吧，有几个忠臣抵挡得过奸臣的陷害？

小人成事不足，败事有余。如果你这辈子叫小人盯上了，那么肯定就麻烦大了。小人没有什么事好做，因此他可以专心致志地琢磨你，并把这当作专业。

"小人"没有特别的样子，脸上也没写上"小人"二字，有些"小人"甚至还长得帅，有口才也有内才，一副"大将之才"的样子，根本让你想象不到。所以，在交际过程中，为了自己的利益，必须小心谨慎，处理好和"小人"的关系。

聪明人能妥善处理和"小人"的关系，主要是能把握以下几个原则：

（1）不得罪他们。一般来说，"小人"比"君子"敏感，心里也常常比较自卑，因此你不要在言语上刺激他们，也不要在利益上轻易得罪他们。

（2）保持距离。别和小人过度亲近，保持淡淡的同事关系就可以了，但也不要太过疏远，好像不把他们放在眼里似的，否则他们会这样想："你有什么了不起？"于是你就要倒霉了。

（3）小心说话。说些"今天天气很好"的话就可以了，如果谈了别人的隐私，谈了某人的不是，或是发了某些牢骚不平，这些话很可能会变成他们兴风作浪和整你的资料。

（4）不要有利益瓜葛。小人常成群结党，霸占利益，形成势力，你如果功夫还没练到家，就千万不要想靠近他们来获得利益，因为你一旦得到利益，他们必会要求相当的回报，甚至就如鼻涕那般，黏着你不放，想脱身都不可能！

（5）吃些小亏无妨。"小人"有时也会因无心之过而伤害了你。如果是小亏，就算了，因为你找他们不但讨不到公道，反而会结下更大的仇。所以，原谅他们吧！

因此，对付小人，还是不要跟他们一般见识。同时，也不要刻意揭露他们的颜面，还是保持距离为妙。

另外，对于那些既不顾面子，又不要命的小人，还是避一避为好。小人固然厉害，但你并不怕他，避开小人完全是因为你根本不值得把太多的精力浪费在一些毫无意义事上。一旦把握不好自己的行为界限，得罪小人，他就会想方设法来算计你，破坏你的正事，分散你的精力，使你不能安心于工作、学习和生活。

人都是要脸面的，当面对小人的挑衅不理睬的时候，也需要灵活应对，"宁得罪君子，不得罪小人"，可谓是待人处世中与小人打交道至理名言。

不要随便指责别人

人们可以接受外貌、身高、收入、地位上的差距，却很少能接受智力上的差距。由于你的自以为"识"而开始指责别人时，无论你是用一个眼神、一种说话的声调，还是一个手势，都会使你面临失败和社交悲剧的命运。因为没有人愿意承认自己的愚笨，你的指责直接打击了他的智慧、判断力和自尊心，这只会使对方产生反击的心理，却决不会使他改变自己的主意。

无论是在交际中，还是在工作中，都尽量不要去指责别人，以一种平和的态度来面对对方的错误往往能够收到更好的效果。

克洛里是纽约泰勒木材公司的推销员。他承认，多年来，他总尖刻地指责客户方那些大发脾气的木材检验人员的错误，他也赢得了辩论，可这一点好处也没有。因为那些检验人员"和棒球裁判一样，一旦判决下去，他们绝不肯更改。"

克洛里在口舌上获胜了，却使公司损失了成千上万的金钱。因此，他决定改变这种习惯，不再抬杠了。

有一次，一位愤怒的客户在电话那头抱怨泰勒木材公司的一车木材完全不符合他们的要求。他的公司已经下令停止卸货，要克洛里立刻把木材运回去，在木材卸下 1/4 后，他们的木材检验员报告说，55% 的木材不合规格。在这种情况下，他们拒绝接受。

克洛里立刻去对方的工厂。在途中，还在思考着解决问题的最佳办法。

等克洛里到了工厂，他看见购料主任和检验员正闷闷不乐、一副等着抬杠的姿态。克洛里走到卸货的卡车前面，要他们继续卸货，让他看看木材的情况。他请检验员继续把不合格的木料挑出来，把合格的放到另一堆。

看了一会，克洛里才知道他们的检查太严格了，而且把检验规格也搞错了。那批木材是白松，虽然那些检验员对硬木的知识很丰富，但检验白松却不够格，经验也不够，而白松恰巧是克洛里最内行的。他能以此来指责对方检验员评定白松等级的方式吗？不行，绝对不行！克洛里继续观看着，慢慢地开始问检验员某些木料不合格的理由是什么，他一点也没有暗示对方检查错了。而是强调自己只是希望以后送货时，能确实满足他们公司的要求。

当克洛里以一种非常友好而合作的语气请教，并且坚持把对方满意的部分挑出来时，对方感到非常高兴。于是，彼此之间剑拔弩张的气氛松弛消散了。偶尔，克洛里小心地提问几句，让他们觉得有些不能接受的木料可能是合格的，但是，克洛里非常小心不让对方认为他是有意为难他们。

渐渐地，这位检验员的态度整个改变了。最后向别人承认，对白松木的经验不多，而且问他有关白松木板的问题，克洛里就解释为什么那些白松木板都是合格的，但是克洛里仍然坚持：如果他们认为不合格，也不要求他们一定要收下。最后他们终于明白，错误在于他们自己没有指明他们所需要的是什么等级的木材。

在克洛里走之后，他们把卸下的木料又重新检验一遍，且全部接受了，于是泰勒公司收到了一张全额支票。

就这件事来说，讲究一点说话的技巧，尽量控制自己对别人的指责，尊重别人的意见，就可以使你的公司减少损失，而你所获得的良好的关系，却不是金钱所能衡量的。

不要一味地指责别人的过错，即便对方真的犯了不可饶恕的错误，讲究你的态度和方式，你也会从中获得巨大的益处。

知识多不等于智慧高

知识是不能跟智慧画等号的。"纸上得来终觉浅"，处世智慧只有通过细心观察才能获得。有的人总认为自己学历高，受的教育多，便理所当然地比别人聪明，但这种人也往往容易在生活中受到嘲弄。

书本和大学里的文化教育确实可以使人提高，但这种文化常常是理论意义上的文化，它的获得常常是以牺牲人的活力和个人性格为代价的，仅仅有书本教育，会使人实际的技能得不到发展，最终人际沟通的潜能也会被扼杀。

无论是在古代还是现在，只知道教条搬用书本知识的人，永远也不具备独立生存的能力。知识不代表智慧，只有把知识和实践相结合的人，才能真正地发挥出他的聪明才智。

生活中有很多受过高等教育的人，因为缺乏灵活变通的能力，竟然连在社会上立足谋生都很困难。

在澳大利亚的一个牧场中，人们看到有三个大学生在那里打工。这三个人中，一个来自剑桥，一个来自牛津，还有一个是德国某名牌大学的毕业生。人们都非常惊异：居然让大学生来看管家畜：他们在学校接受的教育是要做领导众人的领袖，而现在却在这里"领导"羊群。牧场主人雇佣的这些学生，虽然满腹经纶，能说好几门外语，可以讨论深奥的政治经济学理论，可是，要说挣钱却不能和一个大老粗相比。他整天谈论的只是他的牛羊、他的牧场，眼界十分狭隘，但他却能够赚大钱，而那些大学生却连谋生都很困难。尽管大学的名字很好听，其实什么实用的东西也没学到。这是一场"有文化和没文化、大学和牧场的较量，而后者总是能够占上风。"

一个只知道啃书本却不懂得实际操作的学生，和一个虽然没有机会上大学却在残酷的生存竞争中熟知人情世故的文盲相比，前者显然是要打败仗的。

　　一个大学毕业生常常会不知道自己的真实分量，他往往生活在一个理想的王国里。但我们所生活的这个真实世界，往往并不在意他拥有多少高深的理论和渊博的学识。时代的弄潮儿并不是那些满腹经纶却不通世故的人，而是那些能适应现实的人。

　　所以说，知识不等于智慧，掌握了一点书本知识就自以为是，沾沾自喜的人永远也不可能取得真正的成功。只有经过现实社会的磨砺才能体现出一个人的上智下愚。

第五章

误在行动：能抄近路偏绕远

我们做起事情来都希望顺利、快捷，最好有事半功倍的效果。然而，实际生活中许多人每天也忙忙碌碌、劳心劳力，可就是达不到他们想要的成功。做事也和走路一样，有许多捷径可以让你更快地到达你的目的地，但如果你偏要绕远，那就是在自讨苦吃了。

看清方向再去努力

方向错了，再怎么努力也只能是徒劳，这就像是我们打牌的时候，摸到一张臭牌，就不要再希望这一盘是赢家，只有少数人才在手气不好的时候，对自己手上的一把臭牌说，咱们只要努力就一定会胜利。当然，在牌场上，大多数人在摸到一张臭牌时会对自己说，这一盘输定了，别管它了，抽口烟歇口气，下回再来。可在实际生活中，像打牌时明智的，却少之又少。想想看，你手上是不是正捏着一张臭牌，舍不得丢掉？

努力也是有条件的，当你陷进泥塘里的时候，就应该知道及时爬起来，远远地离开那个泥塘。有人说，这个谁不会啊！而事实上，不会的人多了。比如一个不适合自己的公司，一堆被套牢的股票，一场"三角"或"多角"恋爱，或者是个难以实现的梦幻……

在这样的境遇里，你再怎么样挣扎也无济于事，真正聪明的做法就是调整方向，重新来过。

而生活中不同的人在这样的泥塘里是怎样想的？他们会想，让人家看见我爬出来一身污泥多难为情呀；会想，也许这个泥塘是个宝坑呢；还会想，泥塘就泥塘，我认了，只要我不说，没人知道！甚至会想，就是泥塘也没关系，我是一朵荷花，亭亭玉立，可以出淤泥而不染……

找准方向，就是在被狗咬了一口时，不去下决心也要咬狗一口；就是在被蚊子咬了一口以后，不气呼呼地非要抓住"元凶"不可……

也许有人会说，这有什么不懂，又不傻。

不过在现实生活中确实有一些人在做着无谓的斗争与努力，就像是已经做了反方向的公共汽车，还要求司机加快速度一样。有好心人告诉他停止前进，重新选择方向的时候，他还振振有词，自己不愿意下车。于是就努力向售票员证明是他的错，是他没有阻止自己登上汽车；于是就努力说服司机改变行车路线，教育他跟着自己的正确路线前进；于是就下决心消灭这辆汽车，因为消灭一个错误也是件伟大的事业；于是说坚持坐到底，因为在999次失败后也许就是最后的成功。

人生道路上，我们常常被高昂而光彩的语汇弄昏了头，以不屈不挠、百折不回的精神坚持死不认输，从而输掉了自己！选对方向，及时改变方向应该是最基本的生活常识，臭牌教过我们，泥塘教过我们，蚊子和狗也教过我们，只是我们一离开这些老师，就不愿从上错了的车上走下来。就像我们会经常听见有人聊天：

——工作怎么样啊！

——嗨，凑合，混个饭吃吧！

既然只能是"凑合"着，"混饭"吃，那为什么不去选择一份更适合自己，自己更喜欢的工作呢？

有一个人，在他所不喜欢的职位上工作了一辈子，只因为他的太太宁愿付出任何代价，也要保住安定的生活。

开始的时候他只是个记账员，后来他赚够了钱，可以开自己的汽车修理厂了，这时候他结了婚。而他的太太认为在他们还没有买下房子以前，最好不要辞去以前的工作。等到他们有了房子以后，他们正要生下第一个孩子，这位男士的妻子让他觉得，开创自己的事业将是一件多么辛苦的傻事——于是日子就这样过去了，他的薪水已经足够家庭开销，还有保险金可以供应孩子的教育费用。有必要开创自己的事业吗？太可笑了，如果失败了怎么办？他可能会失去在公司里的年资、公司的退休金、疾病津贴，以及一份中等而固定的薪水；于是这位男士就失去了创业的机会，只因他的妻子不愿意给他尝试的机会。

现在，他是个对生活感到厌倦的，庸庸碌碌的中年人，他把空闲的时间都用来修补自己的汽车。他有一张失意的脸孔，患有胃溃疡，此外再也没有什么东西可回忆的了。生命就这样悄悄流逝。他生命中绝大部分的时间都用来压抑他对于工作的不满，他对自己的工作没有真正的兴趣，没有热心，没有完成的野心——这都是因为他没有找准自己的方向。

如果他放弃了不喜欢的工作，尝试努力去做自己选择的工作而失败了，事情又会怎样？至少他将会因为已经做过自己想要尝试的工作而感到满足，而且如果他尝够了失败的滋味，他就真的会成功了。

如果你发现自己现在所从事的工作并不适合自己，就要赶紧调整前进的方向，不要担心来不及，如果你一直有这样的顾虑，那才真正丧失了大好的时机。

找工作可不像进入超市选择商品，你想要什么就拿什么。当你放弃以前的工作去找新的工作时，新的老板会考虑你以前有无相关的经验，你以前的业绩等。当你以前干的与想要寻找的工作毫不相干时，你就失去了一种优势。再说，人总是有惰性的，即使你不喜欢某一工作，做了一两个月之后，也许你习惯了，你就会被这种天生的惰性套牢，不想再换工作了，日复一日，不觉得三年五载已经过去，到真正干不下去而想转行时，那就真正很难了。

当你确实发现自己真的走错了方向的时候，最好先静下来想一想，然后再去努力寻找新的机会，并在新的领域里重新开始，立志有所作为。那种明知自己走错了路，又前怕狼后怕虎的人，只能是徒自空叹，虚度一生！

幕后唱戏更出彩儿

近路也并不总是直的，常常是直中有曲，曲中藏直。迂回着行动，要比直来直去更省力，而且效果更好。手段高明的人往往精通这个方法，他们做事时常采用欲显先隐的策略。他们"隐藏"在幕后的最终目的就是更快地走出去。

1805年奥斯特利茨战役和1807年弗里德兰战役中，俄军被法军打得大败，实力大为减弱，刚登基的亚历山大一世为重整旗鼓，与拿破仑展开了新的较量。他使用了新的斗争策略，以卑微的言辞讨好对方，处处表现出退让的姿态，以屈求伸。

为了对付英国，拿破仑也想极力拉拢俄国，所以亚历山大一见到他就投其所好："我和你一样痛恨英国人，你对他采取措施时，我将是你的一名得力助手。"

1808年秋，拿破仑决定邀请亚历山大在埃尔富特举行第二次会晤，这次会晤，是拿破仑为了避免两线作战，以法俄两国的伟大友谊来威慑奥地利。消息传到俄国宫廷，激起一片抗议声。皇太后在给亚历山大的信中说："亚历山大，切切不可前往，你若去就是断送帝国和家族，悬崖勒马，为时未晚，不要拒绝你母亲出于荣誉感对你的要求。我的孩子，我的朋友，及时回头吧。"

但亚历山大却认为，目前俄国的力量还不足够强大，还必须佯装同意拿破仑的建议，应该"造成联盟的假象以麻痹之，我们要争取时间妥善做好准备，时机一到，就从容不迫地促成拿破仑垮台"。

来到埃尔富特后，亚历山大恭言卑辞，在两个星期的会晤中，与拿破仑形影不离。有一次看戏，当女演员念伏尔泰《俄狄浦斯》剧中的一句台词："和大人物结交，真是上帝恩赐的幸福"时，亚历山大居然装模作样地说："我在此每天都深深感到这一点。"

又一次，亚历山大有意去解腰间的佩剑，发现自己忘了佩带，而拿破仑把自己刚刚解下的宝剑，赐赠经亚历山大，亚历山大装作很感动，热泪盈眶地说："我把它视作您的友好象征予以接受，陛下可以相信，我将永不举剑反对您。"

1812 年，俄法之间的利益冲突已经十分尖锐，这时亚历山大认为俄国已积蓄好力量，于是借故挑起战争，并且一举打败了拿破仑。

事后亚历山大总结经验时说："波拿巴认为我不过是个傻瓜，可是谁笑到最后，谁才是胜利者。"

欲显先隐的策略不仅能麻痹对手，也可以因此增加自己的人气和实力。由于在幕后的策划常常不为人所知，在前台洋洋自得的对手也就无法知道你的真实意图和具体打算。以暗处攻击明处的目标，可以说，几乎是百发百中，屡试不爽。这条近路走得实在太值了。

为找近路须会动脑筋

只勤奋努力做事是不够的，你还要会找方法、找窍门。否则你空费了许多力气，事情还不一定能办好。

迈尔顿在 16 岁的时候，暑假将临之际，他对爸爸说："爸爸，我不要整个夏天都向你伸手要钱，我要找个工作。"

父亲从震惊中恢复过来之后对迈尔顿说："好啊，迈尔顿，我会想办法给你找个工作。但是恐怕不容易。现在正是人浮于事的时候。"

"你没有弄清我的意思，我并不是要您给我找个工作，我要自己来找。还有，请不要那么消极，虽然现在人浮于事，我还是可以找个工作。有些人总是可以找到工作的。"

"哪些人？"父亲带着怀疑问。

"那些会动脑筋的人。"儿子回答说。

迈尔顿在"事求人"广告栏上仔细寻找，找到了一个很适合他专长的工作，广告上说找工作的人要在第二天早上8点钟到达42街一个地方。迈尔顿并没有等到8点钟，而是7点45分钟就到了那儿。他只看到有20个男孩排在那里，准备抢先去求见，他是队伍中的第21名。

怎样才能引起特别注意而竞争成功呢？这是他的问题，他应该怎样处理这个问题？根据迈尔顿所说，只有一件事可做——动脑筋思考。因此他进入了那最令人痛苦也最令人快乐的程序——思考。在真正思考的时候，总是会想出办法的，迈尔顿就想出了一个办法。他拿出一张纸，在上面写了一些东西，然后折得整整齐齐，走向秘书小姐，恭敬地对她说："小姐，请你马上把这张纸条转交给你的老板，这非常重要。"

她是一名老手，如果他是个普通的男孩，她就可能会说："算了吧，小伙子。你回到队伍的第21个位子上等吧。"但是他不是普通的男孩，她直觉到，他散发出高级职员的一种气质。她把纸条收下。

"好啊！"她说："让我来看看这张纸条。"她看了不禁微笑了起来。她立刻站起来，走进老板的办公室，把纸条放在老板的桌上。老板看了也大声笑了起来。纸条上写的是：

"先生：我排在队伍中第21位，在你没有看到我之前，请不要作决定。"

迈尔顿得到了工作。

的确，努力也要讲究方法，把动脑和勤奋结合起来，知道怎样努力才能取得最佳效果，就像我们常说的工欲善其事，必先利其器。只有方法正确，做起事来才会事半功倍，而单纯地埋头苦干，工作则难见起色。

在公司里，你也许常常会听到这样的抱怨：我们一同进的公司，凭什么他就受到老板的器重？我也一直在努力地工作呀。其实原因很简单，不少晋升的机会都是由那些聪明的雇员自己创造的，工作任务的增多，工作压力的加大，使那些只能按部就班的人、机械完成任务的人已经不再受到欢迎，只有那些讲究做事方法，能够主动高效完成工作的人才更能打动老板。

费多和布尔同在一家店里打工，他们年龄相仿，薪金也一样。可是不久，费多便受到老板的重视而平步青云，而布尔却还在原地踏步不前。布尔对这种不公正的待遇充满了抱怨，终于有一天他到老板那儿发牢骚了。老板一边耐心地听着他的抱怨，一边在心里盘算着怎样向他解释清楚他和费多之间的差距。

布尔发完了牢骚，老板开口了："布尔先生，请您到集市上去一下，看看今天早上有什么卖的。"布尔愤愤地奔向集市，一会他急匆匆地回来向老板汇报说，今早集市上只有一个农民拉了车土豆在卖。"有多少？"老板问。

布尔赶快戴上帽子又跑到集市上，然后回来告诉老板共 40 口袋土豆。

"价格是多少？"

布尔又第三次跑到集市上问了价钱。

"好吧,"老板对他说,"现在请您坐在这把椅子上一句话也不要说,看看别人怎么说。"

老板将费多叫了过来,同样让他到集市上看有什么东西卖。费多也很快就从集市上回来了,并汇报说到现在为止只有一个农民,他问了土豆的价格并带回一个做样品,同时,他看到今天的西红柿很便宜,考虑到店里的存货不多,他也带回了样品……

无论做任何事情,方法都至关重要,一个讲究方法的人,做事的效率是高效的,运用自己的智慧主动选择有效的方法,才是聪明人的做事风格,而过于老实地因循守旧,被动工作,则很难拥有成功的机会。

怀柔方可借人力

我们说遇事不要蛮干,要讲策略,而"怀柔"就是一个可以大量"节省成本"的策略。怀柔,也就是不计前嫌,用感化的方式把对手变成助手。能用怀柔之力的人绝不是等闲之辈,非有仇必报的鸡鸣狗徒之徒可比。虽然怀柔是使自己做事顺利的大策略,对大多数人来说这一策略却很难被采用,因为它需要一种非同寻常的气度。

建武元年(公元 25 年),刘秀在荥阳称帝时,只拥有黄河以北的部分土地,攻占的多是些中小城市。刘秀有远大的政治抱负,不满足于一隅偏安。即位不久，他亲率大军由黄河北岸的怀县（今河南武陟县附近）出发，沿河而上，包围了黄河南岸的洛阳。刘秀坐镇与洛阳一河之隔的河阳（今河南孟州市西），指挥围攻洛阳的战斗。

洛阳地处中原，在西汉时期就在政治上和经济上有着重要地位，是兵家必争之地；洛阳守将朱鲔，原是绿林起义军的将军，更始皇帝刘玄称帝时，拜为大司马。此时刘玄已投降赤眉军，但朱鲔仍然坚守此地。洛阳城高墙坚，粮草充足，加上朱鲔固守，刘秀大军围攻三个月终不能破城，不免心中着急。到了十月，刘秀正为洛阳久攻不下而烦躁，突然想起了大将岑彭。这岑彭在王莽新朝时，是棘阳县令，刘攻克宛城时被俘。当时刘玄主张杀掉他，被刘縯说情救下。后一直在刘縯手下。不久，刘縯被刘玄杀害，岑彭就当了朱鲔的校尉，曾在战斗中杀死王莽的扬州牧李圣，占领了淮阴（今江苏淮阴区）城，被朱鲔推荐为淮阴都尉，因此，岑彭和朱鲔之间有过一段交情。

刘秀将岑彭召来皇帝行辕，派他去劝降朱鲔。

岑彭欣然接受了任务。他来到洛阳城下，"高声叫道：请禀告朱将军，故人岑彭求见！"守城小校立即通报了朱鲔。朱鲔心想，岑彭现为刘秀大将，这时候到此，莫非是劝降吗？便身着战袍，站在城头之上。二人互道别情以后，岑彭接着说："过去，我有幸追随麾下，又承蒙将军提拔，常思报恩。如今赤眉已下长安，更始刘玄败亡。光武皇帝陛下受天之命，平定燕赵，尽有幽燕，百姓归心，有识之士纷纷来投。今陛下兵临洛阳城下，正是将军建功之时。天下重归于汉乃大势所趋，将军为什么还坚守这座孤城呢？"朱鲔俯下身，十分恳切地说："足下所说的道理，我自然领悟。只是三年前大司徒刘縯被害时我也曾参预谋划；后来刘玄遣萧王（刘秀）北伐，我又出面谏止。所以在萧王面前，我是个有罪的人，怎能奢望萧王的宽恕呢？"

岑彭返回河阳，把朱鲔的顾虑告诉刘秀。刘秀听后笑了笑说："欲建大事者，岂能记人小怨？朱将军若肯献城来降，官爵均可保留，何谈诛罚？"然后，刘秀又手指黄河诚恳地说："我以河水为誓，决不食言！"岑彭上马重回城下，把刘秀的话转告朱鲔，朱鲔从城上缒下一条绳索，说："你讲的若是真话，就请顺此绳爬上城来。"岑彭毫不迟疑地抓住绳子，才爬了一段，朱鲔就在城上说："足下勿登，我信服就是！容我准备一下。"

五天以后，朱鲔对守城的部下说："我先去探望虚实，你等仍旧守城，如我不归，尔等率军南下，投奔郾王尹尊。"尹尊是刘玄所封的郾王。同时受封的还有朱鲔，但朱鲔反对刘玄封异姓王，自己也曾拒而不受，才改为大司马，可见朱鲔对汉朝是十分忠诚的。他安排好之后，单骑来至汉营，先见岑彭，并自缚其身，由岑彭带至刘秀行辕。刘秀正坐在榻上，见二人来到，急忙起身迎接，并亲去其缚，朱鲔跪在地上，说道："臣知有罪，望陛下宽恕。"刘秀忙把朱鲔扶起，并为他掸去膝上的尘土，宽容地说道："为主尽忠，何罪之有？请将军再勿这样说，今能与将军共同匡复汉室，真是社稷之幸，天下之幸。"

刘秀忙命准备酒宴，赐朱鲔同饮。席间，谈笑甚欢，不知不觉中，朱鲔的顾虑全部消除了。宴罢，刘秀命令岑彭"送朱将军过河，然后请朱将军自归洛阳。"朱鲔回到洛阳，与诸将言刘秀不记旧怨、宽厚大度，是位圣明的英主。诸将都十分高兴。第二天，朱鲔率全体守城将士向刘秀投降，被刘秀封为平狄将军、扶汉侯。

刘秀曾说："我治理天下，想行以柔术。"他是这么说的，也是这么做的。他对下属很少刑杀立威。至于部属的一些小过失，刘秀就更能抱宽容态度，不予计较。即使对有深仇大恨的人，仇家一旦改过自新，刘秀也照样不计前嫌予以利用，而且论功行赏。之所以在众多竞争对手中夺得天下，中兴汉室，可以说与刘秀的怀柔策略有着很大的关系。

刘秀的这种"怀柔"与朱元璋的"削棘"恰恰相反。朱元璋"削棘"削得兴起，结果把自己削成了孤家寡人。而刘秀不但不削棘刺，而且还护刺，给他们封赏，宽恕罪责。这其实也正是"收刺、用刺"的上好之策。得道多助，天下英雄都投奔到他麾下为他所用，得天下自然是情理之中的事了。

能容人之仇的才是聪明人，一个人力量有限，若全用来对付对手，只会把自己弄得伤痕累累。相反，若能接纳对手，不但可以免除麻烦，还能积蓄力量，如此一来，则大业可成。一个做事，还有比这更近的路可走吗？

敢创新才能占优势

现在人们生活节奏日益加快，竞争浪潮奔腾向前，如果你仍是墨守成规，走别人的老路，那你就注定会落在人后，毫无优势可言。所以要出人头地就要敢于创新；想别人不敢想，做别人未曾做。

每个人都渴望自己有超强的创新能力，但事实上任何一个人都很难同时具备以上特点，有时他们会产生抵制创新的情绪，从而使自己的创造性思维僵化。

出现这种情况的心理障碍可能因为缺少自信心、害怕失败、随波逐流、保守刻板、迷信权威、因循守旧等等。因而一个人要想充满创新精神，具备创新能力，就应该克服这些障碍。这就要求人们摆脱传统的思维方式，探索一套全新的思维模式。

曾有这么一个实验：

把一只青蛙放进一锅热水中，它会一下子就跳出来，但是，如果放进一锅冷水中，慢慢地加热，它就悠游锅中适应温水，随着水温愈来愈高，青蛙的行动越来越慢，最后在锅中被水煮熟了。

人的习惯也一样，我们常沉湎在传统的思维模式里，不知不觉环境改变了，还抱着传统的观念不放，最后可能会像那只无力逃脱沸水的青蛙，被煮个烂熟。

在当今剧变的时代，成功者往往是那些敢于挑战传统游戏规则，勇于大胆创新，敢于改变游戏规则的人；也就是能在思维模式上不断变革的人。

思维模式的改变，就是整个游戏规则的改变。游戏规则改变，就会产生新观念，形成新趋势，可能改变这个世界。

如何激发你的创新能力，不妨试试以下九种方法：

第一、视自己为创造天才。激发创造力最大的绊脚石，是认为自己缺乏创造力。很多人认为创造力是不可企及之物，创造是发明家的事。其实，创造力是每个身心健全者的本能，这种本能受好奇心的驱使，使人对新事物产生特有的敏感，关键要把思想化为行动，相信你自己，没错的。

第二、倾听自己的潜意识。每个人都有自己的潜意识，而这正是一个人灵感的源泉，雪莱曾说："伟大的作家、诗人和艺术家都相继证实，自己的作品灵感来自潜意识。"记住在灵感来时，放下手边的事，立即捕足它。富有创造力的人，他们的灵感通常在入睡之前或刚睡醒时产生，因此，随身携带一个小本子，随时记下你的灵机一动而来的感觉，可能就会诞生一项伟大的事业。

第三、改变步调。惧怕变化是人的天性，对于变化，很多人却不会太习惯，安适无法激发人的创造力，试着摆脱安适的束缚，改变一下日常步调，换换你的节奏。这样，就可能刺激你的创造欲望。

第四、改变视野。换新环境和创造新点子大有关系，人在一个环境待久了，思想就容易僵化了。因此，不时地换换环境，对于你的心理创新也有好处。

第五、再找一个答案。传统的教育和思维方式已经使人们养成"只找一个答案"的习惯。很多人只要发现一个解决问题的方法，马上就会松口气，于是心满意足了。但是更富创新的人却会说："方法不错，不过再想想看，有没有其他更好的方法。"因此，要善于思考，勤于动手，不要满足于现有的答案，创新，就在另一个答案之中。

第六、换一种生活。一个年轻人请教管理专家彼德·杜拉克如何取得成功。杜拉克回答："学着拉小提琴吧。"他的意思是，任何让你置身新领域或迫使你摆脱原先安逸怠惰的活动，都可能激发想象力。换一种生活，也就可能尝试一种新的思维模式，而创造能力可能就因此而被大大激发出来。

第七、常常诘问自己。这种定期反省的方法可以帮助你确信自己的创造构思。问问自己："不提出工作计划对我有什么好处？""我非得在下属面前扮演指挥者的角色吗？"常常诘问自己能使你更肯定，或矫正，或全然放弃原先的构想。子曰：吾日三省吾身。时时检查自己的缺乏和不定，在前进的过程中，就悄悄产生许多新的好东西。

第八、相信永远有可行之道。这种想法可以使你摆脱压力，让思潮自然涌现。如果遇到问题时，老是问自己："我做得来吗？""这点子行得通吗？"因恐惧做不好、做不成而畏缩不前，反而会阻碍创造力，坦然接受自己，相信自己已采取的每一种方法、步骤，相信问题可以解决，认定之后，调动你的全面能力集中对付它，创新思维在这个时候会十分活跃。

第九、化创意为行动。所有的构思都必须付诸实行，才能真正具有价值，勇敢地将创意付诸行动，试试看哪些点子行得通，哪些行不通，然后你就发现，自己凭空想象的点子，竟然对这个世界有所帮助。认定自己的创造力，并付诸实行，你就能成为创新天才。

同时，你还要明白创新并非毫无根据的异想天开，而博采众家所长，融会贯通后，再积极思考，寻找更新更便捷的途径。只有领会了这样的创新方法，才能突破平庸，在竞争中取得优势。

适应可让自己少走弯路

做事积极没错，但也要了解情况后再着手，盲目地做事只会越干越糟，聪明人都懂得要适应环境才能做出成绩的道理。

很久很久以前，有弟兄二人，各置办了一些货物，出门去做买卖；他们来到一个国家，这个国家的人都不穿衣服，称作"裸人国"。

弟弟说："这儿与我国的风俗习惯完全不同，要想在这儿做好买卖，实在不易啊！不过俗话说：入乡随俗：只要我们小心谨慎，讲话谦虚，照着他们的风俗习惯办事，想必问题不大。"哥哥却说："无论到什么地方，礼义不可不讲，德行不可不求。难道我们也光着身子与他们往来吗？这可太伤风败俗了。"弟弟说："古代不少贤人，虽然形体上有变化，但行为却十分正直。所谓'陨身不陨行'，这也是戒律所允许的。"

于是弟弟先进入了裸人国。过了十来天，弟弟派人来告诉哥哥，一定得按当地风俗习惯，才能办得成事。哥哥生气了：不做人，要照着畜生的样子行事，这难道是君子应该做的吗？我绝不能像弟弟那样做。

裸人国的风俗，每月初一、十五的晚上，大家用麻油擦头，用白土在身上画上各种图案，戴上各种装饰品，敲击着石头，男男女女手拉着手，唱歌跳舞。弟弟也学着他们的样子，与他们一起欢歌曼舞。裸人国的人们，无论是国王还是普通百姓都十分喜欢弟弟，相互关系非常融洽。国王把他带去的货物全都买下来了，付给他十倍的价钱。

而他的哥哥来了之后，满口仁义道德，指责裸人国的人这也不对，那也不好。引起国王及人民的愤怒，大家抓住了他，狠揍了一顿，全部财物都被抢走了。全亏了弟弟说情，才把他救了出来。

老实巴交的哥哥，本来是好心好意地"教诲"别人，没想到却挨了顿暴打，差点丢掉了身家性命，看上去他的遭遇让人同情，可再一想，他简直就是自讨苦吃，你有你的思想，别人有别人的活法，又何必非要显示自己的"高尚"和"与众不同"呢？

人是社会的人，每个人都在特定的社会环境中生活，人对环境有一定的需要，而环境对人也有一定的要求，不懂得适应眼前的环境，却盲目地试图改造一切的人，必然是要吃大亏的。只有先入乡随俗，融入现实的环境之后，你才会拥有更多优先发言的权力，周围的人也才不会对你有太强的排斥心理。那么，究竟怎样才能很好地适应环境呢？

世界建筑大师格罗塔斯在设计迪斯尼乐园的时候，面临对外开放的最后期限，还没有想好连接各景点之间的路线，格罗塔斯心里十分焦躁。巴黎的庆典一结束，他就让司机驾车带他去地中海海滨散散心。

汽车在法国南部的乡间公路上奔驰，这里漫山遍野到处都是当地农民的葡萄园。当他们的车子拐入一个小山谷时，发现那儿停着许多车子。原来这是一个无人看守的葡萄园，你只要在路边的箱子里投入5法郎，就可以搞一篮葡萄上路，据说，这是当地一位老太太的葡萄园，她因无力料理而想出这个办法。谁知在这绵延上百里的葡萄产区，总是她的葡萄最先卖完。这种给人自由，任其选择的做法使大师深受启发。

回到住地，他给施工部拍了一份电报："撒上草种，提前开放。"

迪斯尼乐园提前开放的半年里，草地被踩出了许多条小道，这些踩出来的小道有宽有窄，优雅自然。第二年，格罗塔斯让人按这些踩出来的痕迹铺设了人行道。1971年在伦敦国际园林建筑艺术研讨会上，迪斯尼乐园的路径设计被评为世界最佳设计。

可见，适应胜于盲目地积极。在选择做一件事之前，应该尽可能地去了解周围的一切，在此基础之上开展你的工作，才会得心应手；如果完全按照自己的想法来行事，却不顾及别人的感受，往往只会落得个费力不讨好。

第六章

误在心态：遇事强求太固执

人们总是想当然地坚持自己的选择，认为自己的做法无比正确。"择善而固执"很好，可你的"善"真的值得你付出巨大的努力吗？"为理想而坚持"没错，但你的"理想"真会有实现的一天吗？生活中很多人都是这样，他们不肯放弃一些使他们痛苦的东西，同时，又对一些无法得到的东西一求再求，结果活得疲惫不堪，人生也黯淡无光。其实做人真的不能太固执，改变你能改变的一切，接受你不能改变的一切，摆正了心态，你的生活也会快乐从容。

接受你无法改变的一切

人们总是为不期而来的意外烦恼不已，他们悲观失望，结果让自己的生活变得更糟糕。这样做真的很愚蠢，我们既然不能改变既成事实，为什么不改变面对事实，尤其是坏事的态度呢？

有些人仅仅因为打翻了一杯牛奶或轮胎漏气就神情沮丧，失去控制。这不值得，甚至有些愚蠢，但这种事不是天天在我们身边发生吗？

这里有一个美国旅行者在苏格兰北部过节的故事。这个人问一位坐在墙上的老人："明天天气怎么样？"老人看也没看天空就回答说："是我喜欢的天气。"旅行者又问："会出太阳吗？""我不知道，"他回答道。"那么，会下雨吗？""我不想知道。"这时旅行者已经完全被搞糊涂了。"好吧，"他说，"如果是你喜欢的那种天气的话，那会是什么天气呢？"老人看着美国人，说："很久以前我就知道我没法控制天气了，所以不管天气怎样，我都会喜欢。"

别为你无法控制的事情烦恼，你有能力决定自己对事件的态度。如果你不控制它们，它们就会控制你。

所以别把牛奶洒了当作生死大事来对待，也别为一只瘪了的轮胎苦恼万分；既然已经发生了，就当他们是你的挫折。但它们只是小挫折，每个人都会遇到，你对待它的态度才是重要的。不管此时你想取得什么样的成绩，不管是创建公司还是为好友准备一顿简单的晚餐，事情都有可能会弄砸了。如果面包放错了位置，如果你失去一次升职的机会，预先把它们考虑在内吧。否则的话，它会毁了你取胜的信心。

当你遭遇了挫折，就当是付了一次学费好了。

1985 年，17 岁的鲍里斯·贝克作为非种子选手赢得了温布尔登网球公开赛冠军，震惊了世界。一年以后他卷土重来，成功卫冕。又过了一年，在一场室外比赛中，19 岁的他在第二轮输给了名不见经传的对手，被杀出局。在后来的新闻发布会上人们问他有何感受。以在他那个年龄少有的机智，他答道："你们看，没人死去——我只不过输了一场网球赛而已。"

他的看法是正确的：这只不过是场比赛。当然，这是温布尔登网球公开赛；当然，奖金很丰厚。但这不是生死攸关的事。

如果你发生了不幸的事——爱情受阻，或生意不好，或者是银行突然要你还贷款——你就能够——如果你愿意的话，用这个经验来应付它们。你可以把它们记在心里，就好像带着一件没用的行李。但如果你真要保留这些不快的回忆，记住它们带给你的痛苦感情，并让它们影响你的自我意识的话，你就会阻碍自己的发展。选择权在你自己：只把坏事当作经验教训，把它抛在脑后吧。换句话说，丢掉让自己情绪变坏的包袱。

一个人行事的成功与否，除了思想、意志所支配外，还有一个不可忽视的力量——天命。

曾经说过"五十而知天命"这句话的孔子，周游列国到"匡"这个地方时，有人误认他是鲁国的权臣阳虎而把他围困起来，想设计陷害他。那时孔子的学生都非常恐慌，倒是孔子泰然地安慰他们说："我继承了古代圣贤的大道，传播给世人，这是遵奉上天的旨意。假使上天无意毁灭中国文化，那么匡人对我也就无可奈何了，你们大家不必为这事情担心。"后来匡人终于弄清楚孔子不是阳虎，而使孔子渡过危难。

所以，当自己已经尽力，可因为个人无法控制的所谓"天命"而使事情变糟时，恐慌、着急、悔恨都无济于事，何不像孔子那样坦然面对——清除看似天经地义的坏心情，制造自己的轻松心态。

尝试一下半途而废

从小人们就被教导做人一定要有恒心，比如："只要努力，再努力，就可以达到目的。"你如果按照这样的准则做事，你常常会不断地遇到挫折和产生负疚感。由于"不惜代价，坚持到底"这一教条的原因，那些中途放弃的人，就常常被认为"半途而废"，令周围的人失望。其实，人生有些事是强求不来的。你已经尽了力，实在做不到何不放弃，如果你死钻牛角尖不放，那么你就是放弃了在其他事情上成功的机会。

持之以恒这个害人的教条，使人们即使有捷径也不去走，而去简就繁，并以此为美德，加以宣扬。美国前总统候选人巴布·杜尔（Bob Dole）在离开参议院时说："我会不辞艰辛地去竞选，我曾经不畏艰辛地做好任何一件事，这种方式对我十分有益。"我们并不否认杜尔先生对国家的贡献和个人取得的成就，但很可能正是由于他不辞艰辛的做事方式，使他日见苍老、疲惫和心力交瘁。

人们应该调整思维，尽可能用简便的方式达成目标。如果你在与别人做同一件事情的时候，可以躺在树阴下的吊床里，喝着柠檬汽水，打着手机，轻松自如地完成了工作；而其他人则要急匆匆地赶公交车，拿着塞得满满的公文包，走在繁忙的街头，在接待室里挨着时间等待……二者相比，你当然应该得到更多的喝彩。

一个推销员被客户以"再说吧"这样的轻松方式逐渐毁掉前程。他在每一次与客户洽谈业务的时候都力图操纵局面，所以客户能给他的答案只有"再说吧。"而他办公桌上的档案大多也有着"容后再议"。他日复一日地与这些客户满怀希望地联络，却毫无所获，仍以此为荣。

他的这种坚韧不拔的精神没有实用价值。收入丰厚的推销员只是尽快行动，要求客户给出明确的"是"或"不是"的答案。这样他们就不必在已接触的客户身上再花费时间和精力，而及时投身到与下一个客户的业务上去。不论你把推销讲得多么复杂，它首先是一个数字游戏。你能很快了解谁对你说"不"，你就听到更多次的"是"。

这位勤奋、却自毁前程的推销员认为，只要他能坚持不懈地与这些客户一而再、再而三地联络，凭着他的执着，他的客户一定会与他达成交易。他认为自己的毅力一定会瓦解客户的拒绝。事实却不尽如人意。

《思考致富》一书作者拿破仑·希尔曾经在爱迪生的实验室中访问他。爱迪生做了一万多次实验才发明了电灯。希尔问他："如果第一万次实验失败了，你会怎么办？"

爱迪生回答："我就不会在这儿与你谈话了，此刻我会把自己锁在实验室中，做第一万零一次实验。"

这个小故事被大多数谈到"进取"的演说家用作坚韧不拔的典型例证。他们会说："每次你打开电灯的时候，都可以感受到爱迪生是一个毅力非凡的人。"这是无稽之谈，我们应该感受到的是：爱迪生是用科学的方法进行发明创造的科学家。

希尔没有表达出来的，也许他认为人们可以自己领悟出来的是：爱迪生不是把同一个实验做了一万次。他做了一万个不同的实验，也就是做了一万次假设，而且——发现不对就马上放弃。他做了一万次的半途而废。

有很多教练因为这样的个性输掉很多比赛。一场篮球赛在中场休息后，他走出休息室，球队已经输掉 28 分，球员被教训得不知该如何打下去，他却对着电视评论员大嚷："我们会按原计划打完比赛。"原来计划已经不灵光了，队员被打得七零八落，还在坚持原订的比赛计划，而这种行为并不是坚韧不拔，只能说它是呆板和愚蠢。噢，教练又说了："我们的队员只是需要再加把劲。"

你要明白，并不是什么事情坚持到底都会有一个令人满意的结果，当你付出艰苦的努力却仍无法成功时，你的追求其实已经成了强求。既然如此，你何不"半途而废"一次，抛弃强求带来的压力，为自己赢来身心的轻松自在呢！

凭借变通的智慧做事才能成事

人应该学着变通，不能死钻牛角尖，此路不通就换条路，有更好的机会就赶快抓住，不能一条路到黑，生活不是一成不变的，人也应该掌握变通的智慧。

有这样一个故事：

村庄里有一位对上帝非常虔诚的牧师，40年来，他照管着教区所有的人，施行洗礼，举办葬礼、婚礼，抚慰病人和孤寡老人，是一个典范的圣人。有一天下起雨来。倾盆大雨连续不停地下了20天，水位高涨，迫使老牧师爬上了教堂的屋顶。正当他在那里浑身颤抖时，突然有个人划船过来，对他说道："神父，快上来，我把你带到高地。"

牧师看了看他，回答道："40年来，我一直按照上帝的旨意做事，我施行洗礼，举办葬礼，抚慰病人和孤寡老人。我一年只休一个星期的假期，而在这一个星期的假期中，你知道我干什么去了？我去了一家孤儿院帮助做饭。我真诚地相信上帝，因为我是上帝的仆人，因此你可以驾船离开，我将停留在这里，上帝会救我的。"

那人划着船离去了。两天之后，水位涨得更高，老牧师紧紧地抱着教堂的塔顶，水在他的周围打着旋转。这时，一架直升机来了，飞行员对他喊道："神父，快点，我放下吊架，你把吊带在身上安好，我们将把你带到安全地带。"对此老牧师回答道："不，不。"他又一次讲述了他一生的工作和他对上帝的信仰。这样，直升机也离去了，几个小时之后，老牧师被水冲走，淹死了。

因为是一个好人，他直接升入天堂。他对自己最后的遭遇颇为生气，来到天堂时，情绪很不好。他气冲冲地在天堂中走着，突然间碰到了上帝，上帝惊讶地看着他，说道："麦克唐纳神父！多令人惊奇！"对此，老神父凝视着上帝，说："哦！惊奇，是吧？40年来，我遵照你的旨意做事，有过之而无不及，而当我最需要你的时候，你却让我被淹死了。"

上帝回望着他，迷惑不解地说："你被淹死了？我不相信，我确信我给你派去了一条船和一架直升机。"

事实上，在人的一生中，类似于船与直升机的机会不止一次出现，你需要的只是正确地认识它们。当你为自己确立了目标之后，你真正能做的只是抓住机会。这样，那些令你熟视无睹的看似偶然的事件就会变成真正的机会。几乎任何一件事都会创造出一种机会。即使是偶然的不幸事件发生，你也应努力接受，勇敢面对现实，不能把它们作为无所事事的借口。

无论生活环境如何，起点并不是人今后发展潜能的指示灯。英国侨民在白手起家的富翁中占有的比例是英国本土居民的四倍。很多白手起家的富翁没有正式的毕业证书就离开了学校。问题的根本在于，成功与人的背景基本上没有什么关系，它更多地与人的自信、变通能力和认识机会的能力发生关系。

从前有两个年轻人，一个叫冬冬，一个叫南南，他们住在同一村庄，也是最要好的朋友。由于居住在偏远的乡村谋生不易，他们就相约到远地去做生意，于是变卖了田产，带着所有的财产到远地去了。

他们首先抵达一个生产麻布的地方，南南对冬冬说："在我们的故乡，麻布是很值钱的东西，我们把所有的钱换取麻布，带回故乡一定会有利润的。"冬冬同意了，两人买了麻布，细心地捆绑在驴子背上。

接着，他们到了一个盛产毛皮的地方，那里也正好缺少麻布，南南就对冬冬说："毛皮在我们故乡是更值钱的东西，我们把麻布卖了，换成毛皮，这样不但我们的本钱回收了，返乡后还有很高的利润！"

冬冬说："不了，我的麻布已经很安稳地捆在驴背上，要搬上搬下多么麻烦呀！"

南南把麻布全换成毛皮，还多了一笔钱。冬冬的驴背上依然是麻布。

他们继续前进到一个生产药材的地方，那里天气苦寒，正缺少毛皮和麻布，南南就对冬冬说："药材在我们故乡是更值钱的东西，你把麻布卖了，我把毛皮卖了，换成药材带回故乡一定能赚大钱的。"

冬冬拍拍驴背上的麻布说："不了，我的麻布已经很安稳绑的在驴背上，何况已经走了那么长的路，卸上卸下太麻烦了！"南南把毛皮都换成药材，还赚了一笔钱。冬冬依然有一驴背的麻布。

后来，他们来到一个盛产黄金的城市，那充满金矿的城市是个不毛之地，非常欠缺药材，而此地的麻布也很少见。南南对冬冬说："在这里药材和麻布的价钱很高，黄金很便宜，我们故乡的黄金却十分昂贵，我们把药材和麻布换成黄金，这一辈子就不愁吃穿了。"

冬冬再次拒绝了："不！不！我的麻布在驴背上很稳妥，我不想变来变去呀！"南南卖了药材，换成黄金，又赚了一笔钱。冬冬依然守着一驴背的麻布。

最后，他们回到了故乡，冬冬卖了麻布，这给他带来的利润仅仅是蝇头小利，和他辛苦的远行根本无法相提并论。而南南把黄金卖了，便成为当地最大的富豪。

人的一生在某些方面就像做生意，有的人其终点与起点没有什么区别，而另一些人能把自己的一生这笔"生意"越做越大，区别就在于是否在做出人生重大选择时有一种经营的心态，而经营是需要变通的。

心态平和不争亦足

梁启超曾有这么两句诗："世事沧桑心事定，胸中还岳梦中飞"。世界上虽沧桑难料，我心事定，无论怎么变化，我心里有数。的确如此，古今中外所有的伟人，定有遇事不慌，沉着冷静的特点，也只有这样，他们才能正确地控制局势，取得成就。冷静的心态往往是成功的必要条件。一般来说，人们只要不是处在激怒、疯狂的状况下，都能保持自制并做出正确的决定。健康、正常的心态，不仅平时给生活带来幸福、稳定，而且能在大难临头时，帮助你逢凶化吉转危为安。

现代医学认为，在影响人体健康和寿命的因素里，精神和性格起着十分重要的作用，一个人的精神状态和性格特征，同先天遗传因素有一定关系，但是更主要的是受后天的社会环境的影响。面临灾难与烦恼，必须居高临下，反复思考，找出原因，这样能使你迅速稳定惊慌失措的情绪，然后鼓足勇气，扪心自问，我是不是已经失掉渡过难关的信心了？常去思考诸如此类的问题是冷静应变的关键。另外要认识到不幸和烦恼并不是不可避免的，也许是自己太过偏激，无端地把自己与烦恼绑在一起，折磨自己。

科学研究表明，"入静状态"能使那些由于过度紧张引起的脑细胞机能紊乱恢复正常，你若处于惊慌失措心烦意乱的状态，就不可能用理性思考问题，因为任何恐慌都会使歪曲的事实和虚构的想象以可乘之机，使你无法根据实际情况做出正确的判断。

保持冷静的心态，就是时常让自己保持心情舒畅，找到一个心态平衡的支点，这样冷静就会慢慢地、慢慢地走近你。

除了冷静，平和的心态也是一种很高的人生境界。

有人曾这样问苏格拉底："请告诉我，为什么我从未见过您皱眉？您的心情怎么总是这样好呢？"苏格拉底回答道："我没有那种失却了它就使我感到遗憾的东西。"不以物喜，不以己悲，这是人的一种境界。"跌倒了并不可怕，重要的是懂得站起来时手里能够抓到一把沙子"。

任何一次成功都不过是人生旅途中的一个驿站，它来源于平实，终归于平实。

平和的心态对健康的积极作用，是任何药物所无法替代的，在竞争日益激烈的今天，学会平和自己的心态对身心健康乃至事业的成败都是至关重要的。俗话说："心静自然凉"，如果人的心态、心境能够坦然、恬静、积极健康、顺其自然，那么即使是在炎热的夏天，也会有清凉的感觉。也许有人会说古人生活在田园之间，"采菊东篱下，悠然见南山"这种典型的农业社会下，人没有面对那么多的诱惑，自然能够做到心态平和，这句话或许有一定的道理，在物欲横流、诱惑重重的今天能够做到平和绝非易事。

要重新稳固我们生活的定力，回归平和的心态，就常常得给自己的心理沐浴早该抛弃的是否依旧还是在占据你的心灵空间？早该重视的是否还在被你漠视？吐故纳新之后，就如同你在擦拭掉门窗上的尘埃与地面上的污垢，把一切整理就绪之后，整个人好像心理阴影得到荡涤一样，获得一种快乐无比的心理释放。

心理学家也告诉我们，对自己不要太苛刻，若把目标和要求定在自己力所能及的范围内，不仅易于实现而且心情也更加舒畅；对他人的期望不要太高。很多人把自己的希望寄托在他人身上，若对方达不到自己的要求，就大失所望。

但是平和并不是遮掩自身某种退缩、自欺欺人的外衣，这些年来，"平常心"似乎成了一个时髦的词，在众多媒体中使用率非常高，但是平和是一种经过挫折失败，不断奋斗努力才能历练出的人生境界，它并不是几个"平常心"、"与世无争"、"顺其自然"等等好像禅味十足的言辞所能代替的。事实上就像小孩子不跌倒就不会走路一样，不经过一番血与火的生命洗礼，哪能这么轻易地练就一颗平和的心呢？

"宠辱不惊闲看庭前花开花落，去留无意漫观天外云展云舒。"只有当心态具有平和而又不失进取的弦音，我们生存在这个世界才能左右逢源，许多棘手的问题也会迎刃而解，许多人间的美景才能尽收眼底。平和的心态是一种很高的人生境界，一种面对荣誉、金钱、利益的达观与豁达。

别看低了你自己

生活中，许多人喜欢追求完美，但真正的完美没有几个人能追求到，于是就有了遗憾，有了痛苦，有了失落感。其实这大可不必，因为生活本来就没有绝对的完美，只有正确地评价自己，看到自己的优点和长处，你才能够拥有不断进取的勇气和力量。

成功者总是这样认为："我喜欢我自己。我就是我。没有比这更美好的了，包括我的出生、我的生长，我因为我就是我而庆幸。无论我生在什么时代，我都不愿成为别的什么人，而只愿成为自己。"正是这种凡事向前看的思考方法，才会使人积极地进行自我评价。当然，这种善于自我肯定的思考方法，并不一定是天生的。它也是在日常生活中通过不懈地修炼而来的。人们不仅从有所成就的父母那里继承，还会从优秀的老师、前辈、朋友那里得到鼓舞和勇气，受到启示。在接受长期教育的基础上，才成为有自信心的人。

在一次演讲比赛上，有位女同学向老师抱怨自己的演讲没有达到自己预期的效果。她说当她站起来演讲时，立刻意识到自己笨拙、胆怯的表现，而班上的其他学员似乎都显得泰然自若，很有信心。她一旦想到自己的种种缺点，便失去了勇气，无法再讲下去了。她还详细地分析了自己的弱点，以求解决的办法。

等她讲完后，老师告诉她，别总想着自己的弱点，并不是缺点使自己讲得不够好，而是自己没有把长处发挥出来。

的确，并不是缺点使人们的演讲、艺术作品或个性显得失败。狄更斯的小说里有不少过度矫情的地方；莎士比亚的戏剧里也有许多历史和地理上的错误。但人们读他们的作品时，没人会注意这些缺点，这些作品之所以会闪耀着不朽的光辉，是因为它们的优点十分显著，以至连缺点都变得不重要了。人们爱自己的朋友，是因为他们的种种优点，而不是缺点。

把注意力放在自身的优良品质上，培养优点，克服弱点，认识到你的一生都是在前进，在开发自我。有了这种认识，然后加以坚持不懈的努力，这样才能不断进步，并自我实践。

遗憾的是，生活中总有些消极的情绪影响我们做出正确的自我评价。精神病理学家巴纳德·赫兰博士曾对那些少年犯做过如下评述："初见他们时常给人以独立心极强的印象，富于反抗，对父母，教师，警察等象征某种权利的人怀有嫌恶感，并对一切都表示不满和不服。然而在他们过度防御的坚实盔甲下面隐藏的却是一颗极其柔弱易碎的心灵。实际上他们在任何时候都希望依赖某个人。"

当我们犯下一些错误或是失去生活中的某种机会时，总是习惯于向别人抱怨。要知道，这种向别人诉说你不喜欢自己的地方，只能是加强你继续对自己不满，因为别人对此几乎总是无能为力的，至多只能加以否认，可你又不会相信他们的话。向别人抱怨是无济于事的，只有自己给予自己一个积极而且比较客观的评价，才有利于你的进步。

有了对自己的正确评价，你就会懂得真正的自我不在于形式的表现，而是种内心的强大力量。诺贝尔和平奖获得者鲍尔奇曾经受托为一个晚宴确定宾客座次，要使所有有身份的人都感到满意，这件事确实会令人为难，即使对一个专业的礼仪公司来讲也不大好办。而鲍尔奇运用自己独特的办法去做这件事。在宴会前，他告诉大家，请宾客自便，喜欢坐在哪儿就坐在哪儿，他说："真正重要的人都是不在乎别人怎么看待自己的人，而在乎的人都是不重要的。"

我们应该承认这样一个事实："人是具有个性的存在"，此外我们还可以这样理解："世界上的任何人，都应该享有发挥自己才能的平等权利。"

在莎士比亚的《哈姆雷特》中，宰相波洛涅斯这样说：最最重要的是忠于你自己。你只要遵守这一条，剩下的就是等待黑夜与白昼的交替，万物自然地流逝；倘若果真有必要忠于他人，也不过是不得不那样去做。

下辑　一生七明

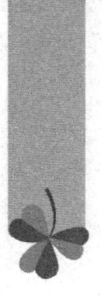

第一章

明巧拙：藏巧于拙是真巧

何谓巧？何谓拙？精明过人未必是真巧，憨厚愚钝未必是真拙。有一个成语叫做"大智若愚"，就是说一个真正聪明的人，看起来往往是很愚笨的。因为聪明人大部分是韬光养晦，不事声张的，他们深深懂得树大招风的道理，所以会隐藏自己的真正厉害之处，见机行事，不处处表现聪明。他们会以"自贬"来抬高别人，他们知道真正的"巧"是智而不露的。

聪明也要做出混沌的样子

愚蠢的人，别人会讥笑他。聪明的人，别人会怀疑他。只有既聪明而看起来又愚笨的人，才是真正的大智者。

没有哲人不犯错的，可见不犯错的人并非聪明之人。

宋代大文豪苏轼也有同样的看法。他道："大勇若怯，大智若愚。"

照字面解释，"大智若愚"的意思就是有大智大慧大觉大悟的人不显露才华，外表上好像很愚呆。其实，这既是一种至高的人生境界，又是人生大谋略。就前者而言，大智的人像风一样自由，无牵无挂，无拘无束，俗世的一切都是身外之物；就后者而言，是在人前收敛自己的智慧，一副混混沌沌的样子，在小事上常常不如一般人精明，应变能力好像差一些。这正是城府很深的表现。假装糊涂，让人以为自己无能，让人忽视自己的存在，而在必要时，能够不动声色，先发制人，让别人失败了还不知是怎么回事。做人应尽量避免显山露水，不要成为别人妒羡的目标；愚蠢而危险的虚荣心满足之日，就是一个人失败之时。

洪武年间的郭德成就是一个大智若愚的聪明人。

当时的郭德成，任骁骑指挥，一天，他应召到宫中，临出来时，明太祖拿出两锭黄金塞到他的袖中，并对他说："回去以后不要告诉别人。"面对皇上的恩宠，郭德成恭敬地连连谢恩，并将黄金装在靴筒里。

但是，当郭德成走到宫门时，只见他东倒西歪，俨然是一副醉态，快出门时，他又一屁股坐在门槛上，脱下了靴子——靴子里的黄金自然也就露了出来。

守门人一见郭德成的靴子里藏有黄金，立即向朱元璋报告。朱元璋见守门人如此大惊小怪，不以为然地摆摆手："那是我赏赐给他的。"

有人因此责备郭德成道："皇上对你偏爱，赏你黄金，并让你不要跟别人讲，可你倒好，反而故意露出来闹得满城风雨。"对此，郭德成自有高见："要想人不知，除非己莫为，你们想想，宫廷之内如此严密，藏着金子出去，岂有别人不知之理？别人既知岂不说是我从宫中偷的？到那时，我怕浑身长满了嘴也说不清了。再说我妹妹在宫中服侍皇上，怎么知道皇上不是以此来试一试我呢？"

现在看来，郭德成临出宫门时故意露出黄金，确实是聪明之举。恰如郭德成所言，到时的确有口难辩，而且从朱元璋的为人看，这类试探的事也不是不可能发生。郭德成的这种做法，与一般意义上的大智若愚又有所不同，他不只是装傻，更是预料到可能出现的麻烦，防患于未然。

另外，"大智若愚"，不是故意装腔作势，也不是故作深沉，故弄玄虚，而是待人处世的一种方式，一种态度，即：心平气和，遇乱不惧，受宠不惊，受辱不躁，含而不露，隐而不显，自自然然，平平淡淡，实实在在，普普通通，从从容容，看透而不说透，知根而不亮底，凡事心里都一清二楚，都明镜儿似的，而表面上却显得不知不懂不明不晰。

大智若愚主要表现在人的面部表情上，也表现在人的行为举止上。大智若愚的人给人是这样的印象，即：常常笑容满面，宽厚敦和，平易近人，虚怀若谷，不露锋，不显芒，有时甚至显得有点木讷，有点迟钝，有点迂腐。但聪明人需要切记：若愚者，即似愚也，而非愚也。所以"若愚"只是一种表象，只是一种策略，而不是真正的愚笨。在"若愚"的背后，隐含的是真正的大智慧大聪明大学问。而凡是真正具有大智慧大聪明的人往往给人的印象总是显得有点愚钝，所以中国才有了"大智若愚"这个带有很深的哲理意义的成语，从而也丰富了我们的人生哲学。

巧用佯败的生存艺术

在环境不利于自己的情况下，为了避敌锋芒，保护自己，可以采取佯败的生存艺术渡过难关。

有一种昆虫，当你用手碰它时，它就停止不动，连脚都缩了起来，任凭你怎么拨弄它，它就是一副死样子，可是过了段时间后，它又开始走了！

这就是"诈死"！

有一种鸟，在它孵卵的时期，若有外敌入侵，它会先佯与外敌搏斗，翅膀扑了几回后，便假装受伤，跌跌撞撞地"败走"，外敌受到这个动作的吸引，会过去追逐这只败鸟，等外敌远离鸟巢，"败鸟"立刻迅速逃走，于是巢中的卵获得保全。

这就是"佯败"！

人类对"诈死"与"佯败"的运用最令人叹为观止，尤其是两军对峙时，较弱的一方有时就不得不"诈死"或"佯败"，以寻求生机；而实力较强的一方，有时也会为了尽快打败对方而采取"诈死"或"佯败"的策略。

"诈死"和"佯败"若诈得像，装得真，通常可以产生下列效应：

（1）混淆对方的判断，制造对方做判断时的负担，并使其做出错误的判断而踏入陷阱。

（2）迟滞对方下决心的时间，因为对方对你的动作，势必有分析研判的过程，这个过程正是你喘息的时间。

（3）助长对方的骄傲，使其松弛警戒，而你则可趁此寻找求生的契机。

（4）诱使对方解除对你的压力，因为对方也巴不得赶快卸下心头的重担，你的"诈死"、"佯败"正好制造了他们心理上的借口。

如果实力较强的一方"诈死"或"佯败"，则可降低对方的戒心，甚至让对方以为有机可乘而做出飞蛾扑火的动作。不过一般来说，实力较强的一方往往会为了面子，"不屑"采用这种策略。

以装作没听懂的办法战胜对手

生活中，我们可能遇到一些让我们感到尴尬的情况，这个时候可以做出一无所知的样子来迷惑对方，让别人误以为自己听不懂，而我们则借机曲解他的意思，假装没有发现对方的本意，这样不但给自己找到了台阶，还可以反击对方。

一次，一位男士请一位女士跳舞，那位小姐傲慢地说："我不能和一个小孩子一起跳舞。"这位先生灵机一动，微笑着说："对不起，亲爱的小姐，我不知你正怀着孩子。"说完他很有礼貌地鞠躬后离开了她。那位高傲的小姐在众目睽睽之下，无言以对，满脸绯红。

这位先生遭到那位高傲小姐的拒绝，在交际场合是一件非常难堪的事情，可是他却十分聪明，假装不明白小姐说话的内涵，以为她有了孩子，还表示对她十分尊重，这是一个多么大的讽刺！他不仅使那位小姐丢了面子，而且保住了自己的尊严，如果这位先生直接与那位小姐辩理或争吵，不仅不能挽回面子，还会有失风度。

在日常交往中，"装糊涂"是一个高明的交际方式，一个人不可处处锋芒毕露，这样很容易引起别人的嫉恨，与你为敌的人会越来越多，使你的工作事业无法顺利进行下去。人都愿意与单纯的人交往，过于聪明、机灵的人，人们会加以防范、提高警惕，和你交往时就特别小心、谨慎，害怕被欺骗、被愚弄。

有时最高的智慧在于显得一无所知。这种技巧其实不难：把你的聪明放在"愚蠢"下面，将你的智慧深藏不露就是了。

在谈判交战中，表面装糊涂，暗中筹划，蓄而待发，伺机令对方让步或诱使对方上当，是很有效的招法。有一次，日本航空公司就引进美制飞机的问题与美国某飞机制造厂商进行谈判。为了使日方了解产品的性能，美商作了大量的准备工作：模型、图表、数据、资料和幻灯片。谈判一开始，美方代表口若悬河，滔滔不绝地讲解，日方只是埋头做笔记，一言不发。这样过了几天，等进入实质性谈判时，日方仍对价格等问题一言不发，美方问道："你们认为如何？"日方代表迷惘地回答："我们不明白。""不明白？这是什么意思？"美方有些急躁。日方代表仍很有礼貌地作答："不明白，一切都不明白。"美方代表眼看这项交易将前功尽弃，十分沮丧地说："那么，你们希望我们怎么办？"日方提出："你们可以把全部资料再为我们重新解释一遍吗？"美方不得已，耐着性子又重复了一遍。这样反复几次，结果自然是日本人把价格压到最低点。其实，美国人就是上了"不明白"的当。

装作没听懂是谈判中的一种技巧，日本人在谈判时借此挫其锐气，使对手精疲力竭，做出让步，达到了自己的目的。

用装傻充愣的办法，会使对方在与你沟通时产生挫败感，他说"冯京"你讲"马凉"，几个回合下来必定会搅乱他的思维，让他在不知不觉中居于劣势。

不好明说的话就含糊地说

愚蠢的人什么话都说，但什么都说不清楚；普通人说话留三分，说得清楚明白；聪明的人不是把心里的话都抖出来，而是把该说的说到嘴上，不该说的换一种方法含糊地去说。

含糊法是运用不确定的或不精确的语言进行交际的妙法。在公关语言中运用适当的含糊，这是一种必不可少的艺术。交际需要语词的模糊性，这听起来似乎是很奇怪的。但是，假如我们通过约定的方法完全消除了语词的模糊性，那么，就会使我们的语言变得非常贫乏，就会使它的交际和表达的作用受到严重的限制，而其结果就摧毁了语言的目的，人们的交际就很难进行，因为我们用以交流的工具——语言遭到了损害。

例如：某经理在给员工作报告时说："我们企业内绝大多数的青年是好学、要求上进的。"这里的"绝大多数"是一个尽量接近被反映对象的模糊判断，是主观对客观的一种认识，而这种认识往往带来很大的模糊性。因此，用含糊语言"绝大多数"比用精确的数学形式的适应性强。即使在严肃的对外关系中，也需要含糊语言，如"由于众所周知的原因"，"不受欢迎的人"等等。究竟是什么原因，为什么不受欢迎，其具体内容，不受欢迎的程度，均是模糊的。

平时，你要求别人到办公室找一个他所不认识的人，你只需要用模糊语言说明那个人矮个儿、瘦瘦的、高鼻梁、大耳朵，便不难找到了。倘若你具体地说出他的身高、腰围精确尺寸，他倒反而很难找到这个人。因此，我们必须至少在日常交际的说话时放弃这样一种观念："较准确"总是较好的。

下面，介绍几种常见的语言含糊法：

（1）宽泛式含糊法

宽泛式含糊法，是用含义宽泛、富有弹性的语言传递主要信息的方法。例如：现代文学大师钱钟书先生，是个自甘寂寞的人。居家耕读，闭门谢客，最怕被人宣传，尤其不愿在报刊、电视中扬名露面。他的《围城》再版以后，又拍成了电视，在国内外引起轰动。不少新闻机构的记者，都想约见采访他，均被钱老执意谢绝了。一天，一位英国女士，好不容易打通了他家的电话，恳请让她登门拜见钱老。钱老一再婉言谢绝没有效果，他就妙语惊人地对英国女士说："假如你看了《围城》，像吃了一只鸡蛋，觉得不错，何必要认识那个下蛋的母鸡呢？"洋女士终被说服了。

钱先生的回话，首句语义明确，后续两句："吃了一只鸡蛋觉得不错"和"何必要认识那个下蛋的母鸡呢？"虽是借喻，但从语言效果上看，却是达到了"一石三鸟"的奇效：其一，是属于语义宽泛，富有弹性的模糊语言，给听话人以寻思悟理的伸缩余地；其二，是与外宾女士交际中，不宜直接明拒，采用宽泛含蓄的语言，尤显得有礼有节；其三，更反映了钱先生超脱盛誉之累、自比"母鸡"的这种谦逊淳朴的人格之美。一言既出，不仅无懈可击，且又引人领悟话语中的深意，格外令人敬仰钱老的大家风范。

（2）回避转移法

在许多交际场合中，成功的狡辩所产生的幽默效果也非常好。用适当的含糊，可以使你在表面上显得又痴又傻，可实际的机智又非常人能比，分明是大智若愚，大黑若白。有冲突会冰释前嫌，得罪了人，别人一般也不会再和你计较了。

一次，乾隆皇帝突然问刘墉："京城共有多少人？"刘墉猝不及防，却非常冷静地回了一句："只有两人。"乾隆问："此话何意？"刘墉答曰："人再多，其实只有男女两种，不是只有两人？"皇帝又问："今年京城里有几人出生？有几人去世？"刘墉回答："只有一人出生，却有十二人去世。"乾隆问："此话怎讲？"刘墉妙答曰："今年出生的人再多，也都是一个属相，岂不是只出世一人？今年去世的人则十二种属相皆有，岂不是死去十二人？"乾隆听了大笑，深以为然。

确实，刘墉的回答极妙——皇上发问，不回答显然不妥；答吧，心中无数又不能乱侃，这才急中生智，转眼间以含糊的回避转移法趣对皇上。

（3）幽默法

在人际交往中，幽默法是高度机智的产物，尽管对方和自己都知道其中的"痴"和"傻"，但客观上会因"痴言傻语"的俏皮味而引发幽默谐趣。

一位青年骑自行车不小心骑到了道路的左边，正巧和迎面驰来的一位老人骑的自行车相撞。那青年火冒三丈，张嘴就嚷："你学过交通规则没有？骑车为什么不靠右边走？"

面对青年的盛怒，老人借用韩复榘的一句话笑着答复对方："如果所有的人都靠右行，那么左边的路不就会空着了！"

这句违背常情的"痴言傻语"，引得对方"噗哧"一笑，满肚子的火气在笑声中消散了。

含糊其词可以避免把话说死，给自己留下一个较大的回旋空间。这样说话既不得罪人，又可保全自身，实在是一种难得的智慧。

看透也不必说透

生活中有的事不必弄得太明白，只要大家心知肚明就可以了。俗话说：看透别说透，才是好朋友。事情说得太白，反而会伤和气，或显得太无聊。即使对方不大清楚，他也会因不理解而推崇备至。懂得此术，在交际中百难可解。

一日，老姜在县上巧遇好友老刘。寒暄之后，老刘说道："我正想去找你，恰好你来了。"

"有啥事我能帮上忙的？"老姜好奇地问。

"X 镇的朱 ×× 诉 H 镇的周 ×× 赔偿一案，你们受理的吧？"

"是啊。"

"周××是我的老乡。他是复员军人，党员，这人……"老刘说。

老姜插话笑道："你不必介绍他的政治面貌了，我们又不选拔干部。如果看政治面貌，那么，若遇上一件书记告贼的民事案子的话，岂不是连审判程序也不必进行，直接判书记胜诉就行了吗？"

"对对对。"老刘连连点头。

"这就是民法通则中所说的'当事人在民事活动中地位平等'。如果你的这位老乡过去做过贼的话，你倒不妨为他出庭辩护一下。"

"那又是为啥？"他又好奇了。

"人们总爱把犯过错误的人看扁，犯过错误的人又不敢激烈申辩自己的正确主张。你是明理之人，为他辩护即可起到维护其合法权益的作用。你说对吗？"

"言之有理。"

掌握好巧与拙的时机

巧与拙只是相对而言，愚拙的人也有其灵巧之处，再巧的所谓聪明人也有露拙的时候。我们说明巧拙其实包括两层意思：一是自谓聪明的人千万不要聪明一世、糊涂一时，因为这一时的糊涂可能就毁了你一世的聪明；二是表面愚拙的人做事却往往目的性更强，当他脱下愚拙外装的时候，也就是他最后摊牌、决定胜负的时候。这里的巧也好、拙也好，关键是要掌握好时机，才能使自己在工作、生活、交际中立于不败之地。

丁谓是历史上有名的奸相。他诱使宋真宗大搞迷信活动，什么天降神书呀，什么泰山封禅呀，弄得乌烟瘴气，劳民伤财。他是寇准一手提拔的，可是他一旦得势，就设计陷害寇准，想置他于死地。他勾结真宗的刘皇后，兴风作浪，破坏真宗和太子之间的父子关系，几乎把太子废掉。太子继承帝位，是为仁宗。丁谓又把朝政大权揽在自己手中，上欺仁宗，下压群僚，一手遮天，威势赫赫，谁也不敢惹他。

丁谓有两大绝招正合了"盲人告黑状"的精髓。一个绝招是把仁宗孤立起来，不让他和其他的臣僚接近，文武百官只能在正式朝会时见到仁宗。朝会一散，各自回家，谁也不准留下单独和皇上交谈。第二个绝招是排除异己。凡是有头脑，不附和丁谓的执政大臣，丁谓一律给其扣上一个罪名，从朝廷中赶走，所以朝廷中对一切军国大事总是以丁谓的意志为意志。舆论一色，政见一致，似乎安定团结得很。丁谓则高踞于权势的顶峰，自以为稳如泰山，可以高枕无忧。

就这样一个巨奸最终遭到了另一个道行更深的人的暗算。

参知政事王曾虽身居副宰相之位，却整天装作迷迷糊糊的憨厚样子。在宰相丁谓面前总是唯唯诺诺，从不发表与丁谓不同的意见，朝会散后，他也从不打算撇开丁谓去单独谒见皇上。日子久了，丁谓对他越来越放心，以至毫无戒备。

一天，王曾哭哭啼啼地向丁谓说："我有一件家事不好办，很伤心。"丁谓关心地问他啥事为难。他撒谎说："我从小失去父母，全靠姐姐抚养，得以长大成人，恩情有如父母。老姐姐年已五十，只有一个独生子，在禁军里当兵。身体弱，受不了当兵的苦，被军校打过好几次屁股。姐姐多次向我哭泣，求我设法免除外甥的兵役……"丁谓说："这事很容易办！你朝会后单独向皇上奏明，只要皇上一点头，不就成了？"王曾说："我身居执政大臣之位，怎敢为私事去麻烦皇上呢？"丁谓笑着说："你别书生气了，这有什么不可以的！"王曾装作犹豫不决的样子走了。过了几天，丁谓见到王曾，问他为什么不向皇上求情。王曾嗫嗫地说："我不便为自己外甥的小事而擅自留下……"丁谓爽快地回答他："没关系，你可以留下。"王曾听了，非常感激，而且还滴了几点眼泪。可是几次朝会散后，仍不曾看到王曾留下求情。丁谓又问王曾："你外甥的问题解决了吗？"王曾摇摇头，装作很难过的样子："姐姐总向我唠叨，我也不好受。"说着说着，又要哭了。丁谓这时不知是真起了同情心，还是想借此施恩，表示对王曾的关心，竟一再动员王曾明天朝会后独自留下，向皇上奏明外甥的困难，请求皇上格外施恩，免除外甥的兵役。他还埋怨王曾太迂气，太不关心年老的姐姐。

王曾迟疑了一阵，总算打起精神，答应明天面圣。

第二天大清早，文武百官朝见仁宗和刘太后以后，各自打马回家，只有副宰相王曾请求留下，单独向皇上奏事。宰相丁谓当即批准他的请求，把他带到太后和仁宗面前，自己退了下去。但是他还是不太放心，便守在阁门外不走，想打听王曾究竟向皇上讲了一些什么话。

王曾一见太后和仁宗，便开始揭发丁谓的种种罪恶，力言丁谓为人"阴谋诡诈，多智数，变乱在顷刻。太后，陛下若不亟行，不惟臣身粉，恐社稷危矣"。一边说，一边从衣袖里拿出一大沓书面材料，都是丁谓的罪证，王曾早就准备好了的，今天一件件当面呈给刘太后和宋仁宗。

太后和仁宗听了王曾的揭发，大吃一惊。刘太后心想："我对丁谓这么好，丁谓反要算计我，忘恩负义的贼子，太可恨了！"

她气得三焦冒火，五内生烟，下决心要除掉丁谓。至于仁宗呢？他早就忌恨丁谓专权跋扈。

只是丁谓深得太后的宠信，使他投鼠忌器，不敢出手。而且自己被丁谓隔绝，没法了解朝中的情况，不摸王曾等人的底，感到孤立无援。今天和王曾沟通了思想，又得到太后的支持，自然更不会手软。

王曾在太后和仁宗面前谈了一个上午，直谈到吃午饭的时候还没完。丁谓等在阁门外，见王曾很久不出来，揣知王曾绝不是谈什么外甥服兵役的问题，一定是谈军国大政。他做贼心虚，急得顿脚揪耳朵，一个劲地自怨自艾："上当了！""太晚了！""来不及了！"当王曾来到阁门外遇见丁谓时，丁谓恶狠狠地瞪了王曾一眼，王曾向他拱手致意，他不睬不理，怒气冲冲地走了。但丁谓已没法逃脱远贬崖州的厄运。

在丁谓之巧智与王曾之愚拙的较量中，无疑是王曾占了上风，败者败在巧中之拙，胜者胜在拙中之巧。所以说，巧拙之明绝不是可有可无的雕虫小技，而是决定人生成败的大学问。掌握了巧与拙的时机，也就找到了达成目的的不二法门。

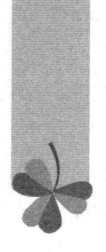

第二章

明进退：拿捏分寸看火候

做人做事没有绝对的对错之分，只有适当或不适当的区别。话该说的时候能递上，不该说的时候要三缄其口。做事的时候也要长眼力，事情该直着办时别绕弯子，该硬时不能软，该退让时也别争先。只有进退合宜的人才能在社会上站得住，吃得开。

明白说话的进退之道

一踏入社会，应酬的机会就多了，这些应酬包括去人家做客、赴宴、会议及其他聚会等。不管你对某一次应酬满不满意，"场面话"一定要讲，套近乎的话一定要会说。

什么是"场面话"？简言之，就是让主人高兴的话。既然说是"场面话"，可想而知就是在某个"场面"才讲的话，这种话不一定代表你内心的真实想法，也不一定合乎事实，但讲出来之后，就算主人明知你

"言不由衷"，也会感到高兴。说起来，讲"场面话"实在无聊之至，因为这几乎和"虚伪"画上等号，但现实社会就是这样，不讲就好像不通人情世故了。

聪明人懂得："场面之言"是日常交际中常见的现象之一，而说场面话也是一种应酬的技巧和生存的智慧，在人世间生存的人都要懂得去说，习惯于说。为此，必须明白说话，尤其说场面话的进退之道，力求做到以下几点：

（1）学会几种场面话

当面称赞他人的话——如称赞他人的孩子聪明可爱，称赞他人的衣服大方漂亮，称赞他人教子有方等等。这种场面话所说的有的是实情，有的则与事实存在相当的差距，有时正好相反，而且这种话说起来只要不太离谱，听的人十有八九都感到高兴，而且旁边的人越多他越高兴。

当面答应他人的话——如"我会全力帮忙的"、"这事包在我身上"、"有什么问题尽管来找我"等。这种话有时是不说不行，因为对方运用人情压力，当面拒绝，场面会很难堪，而且当场会得罪人；对方缠着不肯走，那更是麻烦，所以用场面话先打发一下，能帮忙就帮忙，帮不上忙或不愿意帮忙再找理由，总之，有缓兵之计的作用。

所以，在很多情况下，场面话我们不想说还不行，因为不说，会对你的人际关系造成影响。

（2）知道如何说场面话

去别人家做客，要谢谢主人的邀请，并盛赞菜肴的精美丰盛可口，并看实际情况，称赞主人的室内布置，小孩的乖巧聪明……

赴宴时，要称赞主人选择的餐厅和菜色，当然感谢主人的邀请这一点绝不能免。

参加酒会，要称赞酒会的成功，以及你如何有"宾至如归"的感受。

参加会议，如有机会发言，要称赞会议准备得周详……

参加婚礼，除了菜色之外，一定要记得称赞新郎新娘的"郎才女貌"……

说"场面话"的"场面"当然不止以上几种，不过一般大概离不了这些场面。至于"场面话"的说法，也没有一定的标准，要看当时的情况决定。不过切忌讲得太多，要点到为止最好，太多了就显得虚伪而且令人肉麻，这样就让人看出我们的真面目了。这也就是说场面话的火候与分寸掌握的问题。

说场面话的目的无非是为了与对方套近乎，套近乎是交际中与陌生人、尊长、上司等沟通情感的有效方式。套近乎的技巧就是在交际双方的经历、志趣、追求、爱好等方面寻找共同点，诱发共同语言，为交际创造一个良好的氛围，进而赢得对方的支持与合作。

外交史上有一则通过套近乎而顺利达成谈判目的的轶事：

一位日本议员去见埃及总统纳赛尔，由于两人的性格、经历、生活情趣、政治抱负相距甚远，总统对这位日本议员不大感兴趣。日本议员为了不辱使命，搞好与埃及当局的关系，会见前进行了多方面的分析，最后决定以套近乎的方式打动纳赛尔，达到会谈的目的。下面是双方的谈话：

议员：阁下，尼罗河与纳赛尔，在我们日本是妇孺皆知的。我与其称阁下为总统，不如称您为上校吧，因为我也曾是军人，也和您一样，跟英国人打过仗。

纳赛尔：唔……

议员：英国人骂您是"尼罗河的希特勒"，他们也骂我是"马来西亚之虎"，我读过阁下的《革命哲学》，曾把它同希特勒《我的奋斗》作比较，发现希特勒是实力至上的，而阁下则充满幽默感。

纳赛尔：（十分兴奋）呵，我所写的那本书，是革命之后，三个月匆匆写成的。你说得对，我除了实力之外，还注重人情味。

议员：对呀！我们军人也需要人情。我在马来西亚作战时，一把短刀从不离身，目的不在杀人，而是保卫自己。阿拉伯人现在为独立而战，也正是为了防卫，如同我那时的短刀一样。

纳赛尔：（大喜）阁下说得真好，以后欢迎你每年来一次。

此时，日本议员顺势转入正题，开始谈两国的关系与贸易，并愉快地合影留念。

日本人的套近乎策略终于产生了奇效。

在这段会谈的一开始，日本人就把总统称做上校，降了对方不少级别；挨过英国人的骂，按说也不是什么光彩的事，但对于军人出身，崇尚武力，并获得自由独立战争胜利的纳赛尔听来，却颇有荣耀感；没有希特勒的实力与手腕，没有幽默感与人情味，自己又何以能从上校到总统呢？接下来，日本人又以读过他的《革命哲学》，称赞他的实力与人情味，并进一步称赞了阿拉伯战争的正义性。这不但准确地刺激了纳赛尔的"兴奋点"，而且百分之百地迎合了他的口味，使日本人的话收到了预想的奇效。日本议员先后五处运用寻找共同点的办法使纳赛尔从"不感兴趣"到"十分兴奋"而至"大喜"，可见日本人套近乎的功夫不浅。

这位日本议员的成功，给我们一个重要启示，就是不能打无准备之仗，有备而来，话锋该进时进，该守时守。

做人要学会看情况说场面话，场面话说得恰到好处，便可以轻易赢得对方的好感，双方关系也就会在无形中拉近了。

会给别人留面子

给人留面子，是人际交往中拿捏进退火候的一个重要方面。中国人是最讲究面子的，这种偏好源自五千年的文化，又扎根于伦理型的社会人际关系的网络之中，根深蒂固，几乎无人能够幸免。

好面子，其实就是要做到一团和气，要"和为贵"。人人头上有青天，各自相安无事，自然皆大欢喜。这是中国人处理人际关系、整合全社会的一个独特方式。从中国人在饭馆争着付钱到婚娶喜宴上的"见面礼"，无不透露出中国人的"面子"哲学。因此，就中国的传统而言，在公共场合，都是比较注意面子的，不但给别人面子，自己也要争面子。

这种"面子"哲学的另一面便是，除非迫不得已，绝不首先撕破面子。即使是对手，心里已藏满刻骨仇恨，并且毒计连篇，表面上却依然面带微笑。而一旦有人敢于直言不讳，不给别人面子，这在中国人眼里已是具有相当的敌意了，甚至是发出挑战的信号。因为在逻辑上我们可以很方便地作出推论，即首先撕破了面子，那就肯定是出于迫不得已，或者是受人胁迫，或者便是心有怨气而不得不发。

即使这种"面子"哲学是错的，但在中国这种文化氛围和社会环境下，我们都会不可避免地套用中国人独特的思维习惯和模式，得出相似结论。

在领导的眼里，如果自己的下属在公开场合使自己下不了台，丢了面子，那么这个下属肯定是对自己抱有敌意或成见，甚至有可能是有组织、有预谋的公开发难，正如一位心理学家所说的那样："人们都喜欢喜欢他的人，人们都不喜欢不喜欢他的人。"这样，在公开场合不给领导留面子的结果便是，领导要么给予以牙还牙的还击，通过行使权威来找回面子，要么便怀恨在心，以秋后算账的方式慢慢报复。

这种结果，自然是下属在提出批评和意见时所不愿看到的，也违背了他的初衷。他大概忘记了，无论是领导，还是他本人，都是中国人，都生活在充满人情味儿、十分讲究人际和谐的同一个社会中。

领导十分注意自己在公开场合，特别是在其他领导或者众多下属在场的时候维护自己的面子，这绝不仅仅是因为有个文化的潜意识在作祟，更是在于领导从行使权力的角度出发，维护自己权威的需要。这种需要因受到公开的检验而变得更加强烈甚至是不可或缺。

如果下级的意见使领导感到难堪，即使他是出于善意的愿望，即使他的确是"对事不对人"，但其结果却必然是一样的：使领导的威信受到损害，自尊受到伤害。

威信受到损害，便会使权力的行使效力受到损失。它影响到领导在今后决策、执行、监督等各个方面的决定权和影响力。因为人们不禁要问，他说的是否都对呢？是否会产生应有的效果？……这样，下级在执行中便多了几分疑虑，这必然会降低领导权力的有效性。因为服从越多，权力的效果就会越好。行使权力必须以有效的服从为前提；没有服从，权力就会空有其名。

自尊受到伤害，是最伤人感情的，因为它触动了人最为敏感的地带，挫伤了"人之所以为之"的信条。在公开场合丢面子，这说明领导正在失去对下级的有效控制，于是，人们不禁对他个人的能力乃至人格都产生了怀疑。因此，无论是谁，身处此境，最先的反应肯定是怒火中烧，而不是理智的对意见内容的合理性的分析。那么，此后的一系列举动肯定都是很情绪化的。即使他很有面子、很得体地将这件事掩饰过去，情感上的愤怒依然是存在的，这个阴影将会把你美好的印象浸没，使你在后来饱尝麻烦，悔恨不已。

因此，当一领导当众受到下属的伤害，丢了面子，即使当场不便发作，日后也会有所忌恨，甚至予以报复。因为如果他不这样做的话，可能还会有其他人会当庭责难，使他下不了台。"杀一儆百"、"杀鸡给猴看"的道理正是缘由此处啊！

唐代，魏征也算是唐太宗的心腹之臣了，一向为唐太宗所重用，却也因为面子受损的事几欲杀掉魏征。

一次上朝，魏征当着朝臣之面犯颜直谏某事，顶得唐太宗面红耳赤，大丢脸面，但唐太宗还算是一个清明有为的皇帝，考虑到自己曾叫大臣"事有得失，毋惜尽言"，所以当堂不好发作。但罢朝之后，却是怒气冲冲地嚷道："总有一天我要杀死你这个乡巴佬！"长孙皇后问他要杀谁，太宗说："魏征常常在朝廷羞辱我。"皇后闻言心中大惊，因为唐太宗就有过因不听大臣劝谏而杀人的事，而且她知道太宗的脾气，于是急中生智，用当庭恭贺的办法使唐太宗突然醒悟，才免了魏征死罪。不过，在魏征死后，唐太宗仍是派人去推倒了他的墓碑，这大概是心中之怒气长期郁结不得消散之故吧！

试想，如果唐太宗并没有这么英明，并没有这么大的胸怀和气量；如果皇后没有想出这么一个好办法替魏征说情；如果唐太宗对魏征并不是那么信任和了解，恐怕魏征的脑袋早就搬家了。这其中的经验与教训不能不为下属三思，深以为戒。

所以，下级在公共场合给领导提意见时，一定要注意给领导留面子。

留面子，首先表明你对领导是善意的，是出于对领导的关心和爱护，是为了帮助领导做好工作。这样，他才愿意理智地分析你的看法。

留面子，还表明你是尊重领导的，你依旧服从他的权威，你的意见并不是代表你在指责他，相反，你是在为他的工作着想。

留面子，其实就等于给自己留下了充分的余地，下属可利用这个余地同领导在私下里进行更为深入的交流和探讨。同时这个余地还表明，下属只是行使了一定的建议权，而领导仍保有最终决断的权威。留有余地，还会使下属能够做到进退自如，一旦提出的意见并不确切或恰当，还有替自己找回面子的余地。

当然，我们讲，公开场合提意见要注意领导的面子，并不是鼓励下属"见风使舵"，做"老好人"。我们是非常赞成对领导多提建设性的宝贵意见的，同时也对直言不讳，敢犯龙颜者表示深深的敬意，我们的着眼点只是在于，提意见要注意场合、分寸，要讲究方式、方法。

历史的经验证明，如果只注重提意见的初衷和意见的合理性，而不去考虑它的实际效果，这样的劝谏只能给下属带来灾祸。我们衷心地劝诚每一位下属，一定要在公开场合给领导留面子。

跟领导讲话要选好时机

现代心理学证明：人在情绪不佳、心有忧惧等低落状态下，较之平常更容易悲观失望，思维迟钝且惰于思考，情感波动大并易产生过激行为。这说明，人是一种有着复杂的生理和心理特征的动物，其思维特征要受到某种心理状态的影响，因此，在人与人之间的交流中，我们也要注意对方的情感变化，趋利避害，从而占据某种心理方面的优势和主动，防止使自己受到不必要的伤害。

领导也是人，也无法摆脱上述思维规律的影响，这就提醒我们，一定不要在领导情绪不佳时进言；同时，这也启示我们，在领导心绪高涨、比较兴奋时提出建议则会取得更好的效果。

而大凡有见识的下属，都一定知道向领导"灌输思想"的重要性。领导一旦接受了你的某种观点，就会自然而然地运用它来指导自己的决策，使他的方案能够沿着你预定的轨迹前进。这种方法含而不露，形式灵活，影响力长久而隐匿于无形，实属高招中的妙手。许多下属正是靠着那种与领导之间的随意交流甚至是休闲娱乐，逐步启发、诱导着领导，使自己的种种想法得以实现，并使自己成为领导者不可或缺的"宠幸"

之人，发挥着巨大的甚至是无可替代的影响力。

给领导提建议，有很重要的一个方面，那就是一定要注意时机和场合，以便使领导更能用心领会你的意见，并不会导致对你的反感。在娱乐活动中，一般领导的心情比较好，这时候提出建议会使领导更容易接受。特别是如果你能把所提的建议同当时的情景联系起来，通过暗示、类比等心理活动的作用，则会对领导有更大的启发。还有些比较成功的下属善于接住领导的话茬儿，上承下转，借题发挥，巧妙地加以应用，从而很好地触动了领导，使许多悬而未决的问题得到了解决。

一个单位刚购置了一批计算机及相关设备，并准备修建一个机房。但在机房安置空调机一事上，领导却不肯批准，认为单位的同志们都在没有空调的情况下办公，不宜单独对机房破例。虽然有关同志据理力争，说明安装空调是出于机器保养而非个人享受的需要，但仍不能打破领导的老脑筋而说服领导。

有一次，单位的领导与下属们一起出去旅游、参观。在一个文物展览会上，领导发现一些文物有了毁坏和破损，就询问解说员。解说员解释说，这是由于文物保护部门缺乏足够的经费，不能够使文物保存在一种恒温状况下所致，如果有一定的制冷设备，如空调，这些文物可能会保存得更加完善。领导听后，不禁有些感慨。

此时，站在一旁的机房的负责人老王乘机对领导低语："机房里装空调也是这个道理呀！"

领导看了他一眼，沉思片刻，然后说："回去再打个报告上来。"

后来，这位领导果真批准了机房的要求，为他们装上了空调设备。

从上例可以看出，正是由于老王能够不失时机地将眼前的景象同自己所要提出的建议联系起来，使领导产生由此及彼的类比和联想，从而很好地启发了领导，使他能够接受老王的意见，使问题得以解决。在娱乐中的寥寥数语竟胜过郑重其事的据理力争，这是不能不引起下属深思的，更值得我们加以借鉴。

不要太过较真

做人应学会灵活处事，很多事情都不能太较真。社会太复杂了，过分较真就办不成事，一个人想要在社会上吃得开，没点变通精神是不行的。但这样说也并不意味着鼓励你弄虚作假，这样想的话你就是从一个极端走入另一个极端了，因为做人也不能不较真，竞争这么激烈，没点真功夫你又怎能在社会上立足？

时值创办公司阶段，小丁每次把可行性报告送上去，都被主管部门指出缺陷退回来。修改后，送上去，又有新缺陷被找出，再退回，如此反复五六次。在他深感失望之际，一次偶然看柏杨先生著的《丑陋的中国人》，中间一个孔丘的故事给了他很大启发。

孔丘昔年困于陈蔡，饿得奄奄一息，附近有家观光店，教弟子仲由去讨碗饭吃。掌柜的说："我写一个字，你若认识，我就免费招待。"仲由说："我是圣人门徒，不要说一个字，就是十个字，都包下啦。"掌柜的写了一个"真"字，仲由说："这连三岁娃儿都知道，一个'真'字罢啦。"掌柜的说："明明痴儿，还说大话，小子们，给我乱棒打出。"仲由狼狈而逃，禀告一切，孔丘说："无怪你会挨揍，等我前去亮相。"掌柜的仍写一个"真"字，孔丘说："这是'直八'呀。"掌柜的大惊说："名不虚传，你的学问果然大得可怕。"酒醉饭饱之后，仲由悄悄问："老头，你可把我搞糊涂啦，明明是'真'字，怎么变成'直八'？"孔丘叹道："你懂个啥，现在是认不得'真'的时代，你一定要认'真'，只有活活饿死。"

小丁突然明白，自己书呆子气太足，过分认真了。可行性报告被退回，主要原因并不是存在缺陷，而是因为自己太年轻，主管部门不信任。任何事物都无法十全十美，要找缺点都很容易。主管部门只是通过找他的缺点来推搪自己罢了。

因此，他又重新回到深圳，找熟人要了一大沓香港公司空白介绍信，在上面写上公关的重要性之类字眼，最后附注：如果该公司成立，香港公司愿赞助多少多少钱。这样拿着一叠介绍信，又重新找到主管部门。主管部门见有这么强大的经济后盾，还能吸引外资。即刻，接待级别就变了，由科长一跃而为处长，可行性报告也不用写得那么烦琐，公司也很快就批下来。

之后，他与处长熟了，关系近了，才说："香港公司经济出现困难，它们现在很难出钱赞助。"反正公司已批了，主管部门也没办法。

通过这件事，小丁开始觉得：一个人如果过分较真，那么必将一事无成。现实生活中，许多有权人士故意刁难你，指出你的缺点，往往并不是真的因为你有缺点，只是通过刁难你，让你知道他的权力。如果你书呆子气太足，真的去精心改正自己的缺点，那么必定是做无用功。

但很快，小丁发现，这种生活信条也不是绝对的。

某报几个年轻记者，举办首届中国饮料节，评选中国饮料大王。主意非常好，各个厂家纷纷赞助，一下赚了几十万，但这些记者每月一百多块，穷惯了，从没见过这么多钱，人人为分钱争得不可开交，谁也不去理评选的事，最后草草评选一饮料大王了事。结果厂家大呼上当受骗，纷纷上告。

这件事被作为国内一大诈骗案处理，钱全部被没收，人也差点被判刑。

看来虚实之道颇有深意，如果你太认真，而且只停留在表层，只顾自己收获，不管他人死活，在今天并不完全行得通。正如卖东西，原始时代，大家天真无邪，人人卖物，货真价实。突有一人略懂"虚"之奥妙，卖假货，大家从没上过当，因此纷纷上当，卖假货者大发其财。众人见卖假货好，纷纷效仿，此时，假货遍地，买者处处谨慎，提心吊胆。突有一人，货真价实，大家吃亏吃怕了，自然都拥护他，结果他取得了成功。这正是现代买卖成功之道。

人生也犹如做买卖，买卖要相对公平。你付出得越多，对别人帮助越大，别人才会越支持你，回报你的也就越多。有些一开始轰轰烈烈的私营公司之所以倒闭、失败，正在于他们没有灵活运用虚实招法的缘故。在一开始的经济开放、搞活时期，长期的闭关自守，使大家纯真无知。此时，不法的"虚"，的确能使不少人上当受骗，赚不少钱。但上当多了，吃一堑长一智，人人都变得精明了。

那些没有自己拳头产品——真正受大众欢迎的产品的公司，不练点真功夫，自然就吃不开而倒闭。

对"穷寇"要狠追猛打

俗话说"斩草要除根",斩草除根的做法听起来似乎有点过于狠毒,其精深之处,却不是随便什么人就可以了解或实行的。

在人际交往尤其是相对残酷的商业竞争中,聪明人要明白,对好不容易被你打趴下的"穷寇",绝不能心慈手软,免得给自己留下无穷后患。杀敌必见血,一定要再加把劲,直到对手永远倒下为止——当然是以正当竞争的方式。

20世纪二三十年代,在旧天津的商埠上,有两家老字号的药店。他们同处一条街上,一个名字叫济世堂,另一个名字叫万寿堂。本来他们相互之间井水不犯河水,各做各的买卖,倒也相安无事。谁知到了30年代初,刘可发继承父业,做了万寿堂的老板,他的经商思路和其父亲大相径庭,他看不惯其父那种保守的经商之道,从价格、品种等方面对济世堂药店展开了全面的攻势,势在一举挤垮"济世堂",使万寿堂成为独一无二的垄断药店。

生意世家出身的刘老板毕竟身手不俗,凭着自己年轻、敢想敢干,经营上有世家的底功,出手几招,就把"济世堂"搞得非常被动。在"万寿堂"组织的强大攻势下,"济世堂"经营每况愈下,虽然很快就反应了过来,采取了一些补救措施,但已无法挽回败局,终于宣告停业。

刘老板大获全胜,自然趾高气扬,打算大干一场,称雄天津。他哪里知道,"济世堂"并未被彻底击败,也没有到非关门不可的地步,凭实力,"济世堂"也完全可以再与"万寿堂"较量一番。但"济世堂"

的老板却没有那样做。他不愿直对"万寿堂"那夺人的锋芒应战,弄个两败俱伤,而是避开"万寿堂"的正面进攻,自己采取以退为进的策略迎接挑战。

既然不能与"万寿堂"同街经营,走远一点总可以吧?不久,"济世堂"在远离"万寿堂"的一条街上重新开张了,但铺面已比原来的门面逊色多了。昔日大药店的气派已荡然无存。消息传到"万寿堂"刘老板的耳朵里,他不禁喜形于色:"济世堂,你已经被我挤垮了,再也别想回到这条街上来与我抗衡、争地盘、抢顾客了。"得意之余的刘老板,心还不够狠,没有进一步施展杀招,而是放了"济世堂"一马。

过了一些日子,"济世堂"的又一家分号开业了,自然是小铺面,也仍然躲着"万寿堂"。有人把这一消息告诉刘老板:"老板,'济世堂'又开了一家分号,我看买卖不错,没准是想东山再起,我们不能不防啊!"

此时的刘老板仍然做出不以为然的样子:"怕什么,那种小药店成不了气候,药店靠的是信誉,大药店才能让顾客放心大胆地买药,我看他们是在一个地方混不下去了,不得已而为之,不用怕。"

往后的很长一段时间内,"济世堂"频频开了几家类似的小药店,而"万寿堂"的生意也差不多,两者相安无事,以前抢夺"地盘"的恩怨,似乎已经过去。不料想,三年之后,"济世堂"突然一招"回马枪",将平静的水面搅浑,出人意料地宣布,自己将在老店旧址重新开业。此前,他们已暗暗从买主手中买回了店址的产权。

经过一番维修、装饰,"济世堂"在鞭炮声中重新杀回了"万寿堂"的旁边。"万寿堂"的刘老板听到这一消息,惊骇不已,他没想到被自己已经打趴下的"济世堂"还会卷土重来，给自己造成了放虎归山之患。刘老板想重新组织力量，再像三年前那样发动一次商战，趁"济世堂"立足未稳，把它再一次赶出去。可他很快便发现，这已是不可能了。到这时他才真正了解到"济世堂"在三年中，已经开了几家分号，形成了一个完整的体系，而在其内部采取统一的经营方针，集中进货，分散经营销售，自然销量大得多。

自从"济世堂"总店恢复之后，买卖热闹非凡，十分红火，顾客络绎不绝，接踵而至，再加上分号的销售，每年盈利不少。而"万寿堂"的生意较以前清淡了许多，自有门前冷落车马稀之感。

上述例子不难看出，当初，万寿堂药店的刘老板心也算够狠，在各方面针对自己的多年同行"济世堂"展开进攻，使"济世堂"处于劣势之下，似"穷寇"已逃，然而在对手被打倒之后却心慈手软，没有紧紧地跟踪追击，痛下杀手，而且对于得到的一些消息，也没能正确分析出"济世堂"新的经营方针，而最终导致自己失利。

在战场上，兵家运用"穷寇勿追"的策略，有时意在放敌人一条生路，使对手不再抱定决一死战的决心，而使其抱侥幸的心理逃跑，期望不战而求生。其斗志殆尽，造成对我方有利之战机。而在竞争过程中，当你与对手的相互利益发生直接冲突时，一定要有必胜的信心，迫使对手永远放弃竞争。

对于已经被"赶走"的竞争对手，并不能放任不管，也不应放虎归山，而应该紧紧地尾随其后，稍松一些，不过分紧逼罢了。而不紧逼的目的是"累其气力，消其斗志"，进而减退其势，达到最后消灭的目的。如果你对已经被"赶走"的竞争对手不能跟随其后，就等于放虎归山，后果将不堪设想，往往等对手喘过气之后还会反咬一口，而这反咬的一口，很可能就是致命伤。

不要逞匹夫之勇

匹夫之勇就是指那些有勇无谋、恃勇行事的人，这种人无谋少智，做事不计后果，所以也不过是小勇罢了。我们做事应当审慎，量力而行，给自己留有余地，这样才能进退有度。

春秋时，齐国有田开疆、古冶子、公孙捷三勇士，很得国君齐景公宠爱。这三人结义为异姓兄弟，自诩是"齐国三杰"。他们挟功恃宠，横行霸道，目中无人。

相国晏婴看不过去，眼见这种恶势力逐渐扩大，危害国政，时刻担忧。他明白奸党的主力在于武力，三勇士就是王牌，屡次想把三人干掉，但他们正得宠，又怕直接行动齐王不依从，会弄巧反拙。

有一天，邻邦的国王鲁昭公带了司礼的臣子叔孙来访问，谒见齐景公。景公立即设宴款待，也叫相国晏婴司礼；文武官员全体列席，以壮威仪；三位勇士也奉陪左右，威武十足，摆出不可一世的骄态。

酒过三巡，晏婴上前奏请，说："眼下御园里的金桃熟了，难得有此盛会，可否摘些来宴客？"

景公即派掌园官去摘取，晏婴却说："金桃是难得的仙果，必要我亲自去监摘，这才显得庄重。"

一会，金桃摘回来了，装在盘子上，每个有碗口般大，香喷喷的。景公一见就问："只有这么几个吗？"

晏婴答："树上还有三四个未成熟，只可摘 6 个！"

两位国王各拿一个吃了起来，连声赞赏。景公乘兴对叔孙说："这仙桃是难得之物，叔孙大夫贤名播四海，有功于两国邦交，赏你一个吧！"

叔孙跪下答："我哪里及得上贵国晏相国呢，仙桃应该赐给他才对！"

景公便说："既然你们相让了，就每人吃一个吧！"

盘里只剩下两个金桃了，晏婴复请示景公，传谕两旁文武官员，让各人自报功绩，有功深劳重者得食此桃。

勇士公孙捷乃挺身而出，激昂地自夸起来，口沫横飞地说："从前我跟主公在桐山打猎，亲手打死了一只吊睛白额虎，解了主公的围，这功劳大不大呢？"

晏婴连忙说："擎天保驾之功，应该受赐！"

公孙捷很快把金桃咽下肚里去，翻开傲眼向左右横扫一下。古冶子不服气也站起来说："打虎有什么了不起，我当年在黄河的惊涛骇浪中，浮沉九里，斩骄龟之头，救回主上一命，你看这功劳怎样？"

景公接口就说："真是难能，那次若不是将军，恐怕一船人都要溺死了！"又把金桃和酒赐给他。

可是，另一位勇士田开疆却气冲冲地发起牢骚来了。他说："本人曾奉命去攻打徐国，俘虏了 500 多人，逼徐国纳款投降，威震邻邦，使他们纷纷上表朝贡，为国家奠定了盟主地位。这算不算功劳？能不能受赐呢？"

晏婴立刻回奏景公说："田将军的功劳，确比公孙捷和古冶子两位将军大 10 倍，但可惜金桃已赐完了，可否先赐一杯酒，待金桃熟时再补赐吧！"

景公安慰田开疆说："田将军！你的功劳最大，可惜你说得太迟。"

田开疆再也听不下去了，忍不住气愤愤地按剑大声嚷了起来："斩龟打虎，有什么了不起？我为国家跋涉千里，血战功成，反被冷落，而且在两国君臣之间受此侮辱，为人耻笑，还有什么面子站在朝廷上呢？"立即拔剑自刎而死。

公孙捷大吃一惊，亦拔剑而出，说："我们功小而得到赏赐，田将军功大，反而吃不着金桃，于情于理，绝对说不过去！"手起剑落，也自杀了。古冶子跳了出来，激动地说："我们三人是结拜兄弟，誓同生死，今两人已亡，我又岂可独生？"也自杀而亡。

从此以后，晏婴又把奸党逐个收拾，施展他的伟大抱负。齐国三位武夫，无论是打虎斩龟，还是作战确实称得上勇敢，但那只是匹夫之勇，所以在晏婴真正的大智大勇中败下阵来。两个桃杀了三个武士。他们不能克服自己的骄悍之勇，才被晏婴利用了。

一个人恃勇行事，往往会过高地估计自己，轻视困难、轻视对手，不知退，只知进，使自己处于不利地位。匹夫之勇带来的直接后果就是被有心机的人利用，将自己抛进痛苦和被动的深渊里。

反观晏婴，时机不成熟时隐忍不发，力取不行则行智取之道，从而达到了自己的目的。

第三章

明得失：得失相倚看得开

得与失是可以互相转换的，昨日的失造就了今日的得，而今日的得又酝酿着明日的失。生命就是一个不断获得又不断失去的过程，得中必有失，失中又有得，没有人能完全把得失分割开来。面对生活的变故，我们必须明白究竟什么值得珍惜，什么应该放弃，学着为得到的感恩，对失去的释然。

下山的同样是英雄

人们也都承认，人生就是一个不断获得又不断失去的过程。可当他们失去名望、地位时，又有几人能心如井水，波澜不惊呢？其实能登上山顶的固然是英雄，但那些能及时从峰顶隐退的人又何尝不是真英雄？

有多少人把"隐退"当成"失败"？曾经有过非常多的例子显示，对于那些惯于享受欢呼与掌声的人而言，一旦从高空中掉落下来，就像是艺人失掉了舞台，将军失掉了战场，往往因为一时难以适应，而自陷于绝望的谷底。

心理专家分析，一个人若是能在适当的时间选择做短暂的隐退（不论是自愿还是被迫），都是一个很好的转机，因为它能让你留出时间观察和思考，使你在独处的时候找到自己内在真正的世界。

唯有离开自己当主角的舞台，才能防止自我膨胀。虽然，失去掌声令人惋惜，但往好的一面看，心理专家认为，"隐退"就是在进行深层学习，一方面挖掘自己的潜力，一方面重新上发条，平衡日后的生活。当你志得意满的时候，是很难想象没有掌声的日子。但如果你要一辈子获得持久的掌声，就要懂得享受"隐退"。

据说，在日本，很多中老年男子，因为忍受不了退休后无事可做，结果纷纷走上自杀一途，成为日本自杀率最高的族群。

事实上，"隐退"很可能只是转移阵地，或者是为了下一场战役储备新的能量。但是，很多人认不清这点，反而一直缅怀着过去的光荣，他们始终难以忘情"我曾经如何如何"，不甘于从此做个默默无闻的小人物。

作家费奥里娜说过一段令人印象深刻的话："在其位的时候，总觉得什么都不能舍，一旦真的舍了之后，又发现好像什么都可以舍。"曾经做过杂志主编，翻译出版过许多知名畅销书的费奥里娜，在四十岁事业巅峰的时候退下来，选择当个自由人，重新思考人生的出路。

费奥里娜带着两个子女悠然隐居在新西兰的乡间，充分享受山野田园之乐。因为要适应新的环境，费奥里娜才猛然发觉人生其实有很多其他的可能，后退一步，才能使自己从执迷不悟中解放出来。

人生机遇不同，有人是"开高走低"，少年得志，结果却晚景凄凉；有人则是"开低走高"，原先不怎么顺畅，到了中年以后才开始发迹。

曾经在台湾股市刮起一阵旋风的胡立阳声称，自己就是典型"开高走低"的人，年纪轻轻，不到三十五岁就博得过满堂喝彩。然而，精彩表演结束，离开了光芒四射的舞台，过去所有的丰功伟业全部被一笔勾销。

胡立阳当红时，"股市教父"、"股市天王巨星"等美名接踵而来，所到之处，更是人群簇拥。当他由幕前走入幕后，昔日情景也一去不返，胡立阳非常难以适应，总是喃喃自叹："怎么，这个世界居然把我遗弃了？"

当他看到一些比他晚出道的后辈，如今几乎个个拥有一片天，心情之落寞更是难以言喻。胡立阳不讳言，有一阵子，自己真是患得患失到了极点，并且严重失眠。

就这样过了二三年直到去淡水看海，一个人独坐海边整整六个小时，望着潮起潮落，他突然有所领悟："大海不永远都是后浪推前浪吗？

这就是人生啊！不光是我一个人的际遇而已，我又有什么好自怨自艾的呢？"

从淡水看海以后，胡立阳算是彻底醒悟过来，他察觉到，人不应该一直缅怀过去，否则会愈来愈消沉，冲劲会流失。他决定让自己重新"归零"，把从前的记忆全部抛开，做一个"没有过去，只有未来"的人。

经过高峰到谷底，胡立阳形容目前的自己是"打着光脚走路"，不管别人怎么看他，他只想踏踏实实做自己喜欢做的事。他终于悟出一个道理："如果你自认只是个平凡人，你就不会觉得自己失去过什么。"人生不可能永远往上升，上坡之后必然是下坡。只有明白了这个道理，你才能坦然面对人生。

放下坏心情的包袱

关紧门不跟人说话，嘟着嘴生闷气，锁着眉头胡思乱想，结果心情更坏、更难过，人在心情不好的时候会不自觉地把坏心情抱得更紧。所以，人要学习放下坏心情，拒绝让它折磨才行。

下决心割舍掉坏心情，才能给好心情腾出地方。

想要有个好心情，就要从坏心情中解脱，从烦恼的死胡同中走出来。请注意，肯放下坏心情的包袱，好好检视清楚，看看哪些是事实，把它留下来，设法解决；哪些是垃圾，是给自己制造困扰的想法，要狠下心来，把它抛开，这就能应付自如，带来好心情和清醒的头脑。所以，任何人都应学会放下，放下的同时，学会割舍。

谈到放下与割舍，在《星云禅话》中有一则故事，讲得很生动、很具启发性。这故事大略是，有一位旅行者，经过险峻的悬崖，一不小心掉落山谷，情急之下攀抓住崖壁下的树枝，上下不得，祈求佛陀慈悲营救，这时佛陀真的出现了，伸出手过来接他，并说："好！现在你把攀住树枝的手放下。"但是旅者执迷不松手，他说："把手一放，势必掉下万丈深渊，粉身碎骨。"

旅者这时反而更抓紧树枝，不肯放下。这样一位执迷不悟的人，佛陀也救不了他。坏心情就是紧抓住某个念头，死死握紧，不肯松手去寻找新的机会，发现新的思考空间，所以陷入愁云惨雾中。

其实，人只要肯换个想法，调整一下态度，或者更动一下作息，就能让自己有新的心境。只要我们肯稍作改变，就能抛开坏心情，迎接新的环境。

有个女人习惯每天愁眉苦脸，小小的事情似乎就引起烦躁不安、心情紧张。孩子的成绩不好，会令她一整天忧心，先生几句无心的话会让她黯然神伤。她说："几乎每一件事情，都会在我的心中盘踞很久，造成坏心情，影响生活和工作。"

有一次，她有个重要的会议，但是沮丧的心情却挥之不去，看看镜子里自己的脸庞，竟然无精打采。她打了电话问朋友，"该怎么做？我的心情沮丧，我的模样憔悴，没有精神，怎么参加重要的会议？"

朋友出主意给她："把令你沮丧的事放下，洗把脸把无精打采的愁容洗掉，修饰一下仪容以增强自信，想着自己就是得意快乐的人。注意！装成高兴充满自信的样子，你的心情会好起来。很快的你就会谈笑风生，笑容可掬。"她照着去做，当天晚上在电话中告诉朋友说："我成功地参加这次会议，争取到新的计划和工作。我没想到强装信心，信心真的会来；装着好心情，坏心情自然消失。"

人要懂得改变情绪，才能改变思想和行为。思想改变情绪会跟着改变。

经常培养好心情，认清坏心情的背后，一定有不少垃圾思想和消极情绪，要把它扫地出门。

这里有几则"砍"掉坏情绪的小窍门，不妨照做：多读励志的书，它能给我们许多改变情绪的效果。

注意我们的仪容：挺直身子，抬起头，穿衣着装更要端庄。萎靡不振的表情，是招惹霉运的根本原因。

学习在危机中保持冷静，在紧张时给自己松弛的机会，如运动、静坐、旅行等。

美国加州大学心理学家艾克曼曾做过这样的实验，要受试者装出惊讶、厌恶、忧伤、愤怒、恐惧和快乐等表情，却发现他们的身心跟着起了变化。当受试者装出害怕时，他们的心跳加速，皮肤温度降低等等，表现其他五种情绪时，也有不同的变化。我们怎么装，心情就怎么改变。

确实，即使当你装作快乐，忧伤也会离你而去。

一切都是最好的安排

生活中，我们碰上一件糟糕的事时，总是要大叹倒霉，并为此而抑郁不安，担心事情有会变得越来越糟；其实，这是没有必要的，得失相倚，塞翁失马又安知非福呢？

从前有一个国家，地不大，人不多，但是人民过着悠闲快乐的生活，因为他们有一位不喜欢做事的国王和一位不喜欢做官的宰相。

国王没有什么不良嗜好，除了打猎以外，最喜欢与宰相微服私访民情。宰相除了处理国务以外，就是陪着国王下乡巡视，如果是他一个人的话，他最喜欢研究宇宙人生的真理，他最常挂在嘴边的一句话就是"一切都是最好的安排"。

有一次，国王兴高采烈地到大草原打猎，随从们带着数十条猎犬，声势浩荡。国王的身体保养得非常好，筋骨结实，而且肌肤泛光，看起来就有一国之君的气度，随从看见国王骑在马上，威风凛凛地追逐一头花豹，都不禁赞叹国王勇武过人！花豹奋力逃命，国王紧追不舍，一直等到花豹的速度减慢时，国王才从容不迫弯弓搭箭，瞄准花豹，嗖的一声，利箭像闪电似的，一眨眼就飞过草原，不偏不倚钻入花豹的脖子，花豹惨嘶一声，扑倒在地。

国王很开心，他眼看花豹躺在地上许久都毫无动静，一时失去戒心，居然在随从尚未赶上时，就下马检视花豹。谁想到，花豹就是在等待这一瞬间，使出最后的力气，突然跳起来向国王扑过来。国王一愣，看见花豹张开血盆大口咬来，他下意识地闪了一下，心想："完了！"

还好，随从及时赶上，立刻发箭射入花豹的咽喉，国王觉得小指一凉，花豹就闷不吭声跌在地上，这次真的死了。

随从忐忑不安走上来询问国王是否无恙，国王看看手，小指头被花豹咬掉小半截，血流不止，随行的御医立刻上前包扎。虽然伤势不算严重，但国王的兴致破坏光了，本来国王还想找人来责骂一番，可是想想这次只怪自己冒失，自然怪不了谁。所以闷不吭声，大伙儿就黯然回宫去了。

回宫以后，国王越想越不痛快，就找了宰相来饮酒解愁。宰相知道了这事后，一边举酒敬国王，一边微笑说："大王啊！少了一小块肉总比少了一条命来得好吧！想开一点，一切都是最好的安排！"

国王一听，闷了半天的不快终于找到宣泄的机会。他凝视宰相说：

"嘿！你真是大胆！你真的认为一切都是最好的安排吗？"

宰相发觉国王十分愤怒，却也毫不在意说："大王，真的，如果我们能够超越自我一时的得失成败，确确实实，一切都是最好的安排。"

宰相微笑说："如果是这样，我也深信这是最好的安排。"

国王说："如果我吩咐侍卫把你拖出去砍了，这也是最好的安排？"

宰相依然微笑，仿佛国王在说一件与他毫不相干的事。"如果是这样，我也深信这是最好的安排。"

国王勃然大怒，一挥手，两名侍卫立刻近前，国王说："你们马上把宰相抓进大牢里关起来！"宰相回头对他一笑，说："这也是最好的安排！"

过了一个月，国王养好伤，打算像以前一样找宰相一块儿微服私巡，可是想到是自己亲口把他关入监狱里，一时也放不下身段释放宰相，叹了口气，就自己独自出游了。

失败也是一次机会

谁都不喜欢失败，因为，失败甚至让你的人生受到重创。不过，一生平顺，没遇到失败的人，恐怕是少之又少。几乎所有人都存在谈败色变的心理，然而，若从不同的角度来看，失败其实是一种必要的过程，而且也是一种必要的投资。数学家习惯称失败为"或然率"，科学家则称之为"实验"，如果没有前面一次又一次的"失败"，哪里有后面所谓的"成功"？

从企业经营的立场来看，绝大多数的老板都喜欢成功，然而，全世界著名的快递公司 DIL 创办人之一的李奇先生，对曾经有过失败经历的员工则是情有独钟。

每次李奇在面试即将走进公司的人时，必定会先问对方过去是否有失败的例子，如果对方回答"不曾失败过"，李奇直觉认为对方不是在说谎，就是不愿意冒险尝试挑战。

李奇说："失败是人之常情，而且我深信它是成功的一部分，有很多的成功都是由于失败的累积而产生的。"

李奇深信，人不犯点错，就永远不会有机会，从错误中学到的东西，远比在成功中学到的多得多。

另一家被誉为全美最有革新精神的 3M 公司，也非常赞成并鼓励员工冒险，只要有任何新的创意都可以尝试，即使在尝试后是失败的，每次失败的发生率是预料中的百分之六十，3M 公司仍视此为员工不断尝试与学习的最佳机会。

3M 坚持的理由很简单，失败可以帮助人再思考、再判断与重新修正计划，而且经验显示，通常重新检讨过的意见会比原来的更好。

美国人做过一个有趣的调查，发现在所有企业家中平均有三次破产的记录。即使是世界顶尖的一流选手，失败的次数毫不比成功的次数"逊色"。例如，著名的全垒打王贝比路斯，同时也是被三振最多的记录保持人。

其实，失败并不可耻，不失败才是反常，重要的是面对失败的态度，是能反败为胜？还是就此一蹶不振？杰出的企业领导者，决不会因为失败而怀忧丧志，而是回过头来分析、检讨、改正，并从中发掘重生的契机。

有一句话说得很有意思："最大的失败，就是永不失败。"不愿面对失败与不肯承认失败同样糟糕，其实，若能把失败当成人生必修的功课，你会发现，大部分的失败都会给你带来一些意想不到的好处呢！

第四章

明是非：黑白对错寸心知

做人首先把握住那些大是大非的原则问题，但同时许多事情并不是简单的非此即彼、非黑即白，往往是有多种解释、多重内涵，泾渭难以分明。例如说人对人的伤害不只来自诋毁、欺骗和争斗，有时也会来自对方一些无恶意的行为，所以，不要与别人斤斤计较那些无关原则的小是小非，而且也不是所有的恩恩怨怨到头来都能分清孰是孰非，不是所有的误会与伤害都能在短时间得到澄清和昭雪。

明是非更要容是非

人不惹是非，是非也会来惹人。如果你做事情问心无愧，却有人在背后无中生有地嘀咕你，你会作何反应？多数人可能会拍案而起，找那个可恶的人当面质证清楚。这实在是个下下之策，因为这样的人往往能说会道而且绝不认错，他能把黑的说白了，把死的说活了，而且人越多他越口若悬河，唾沫横飞，因为只有在这时他才能成为大家注目的中心。在你们的当面争执中他不会受到任何伤害，因为他是个什么样的人大家已心知肚明，对你来说就不同了，跟这样的人争执只能降低你自己的身份，折损你的自尊，并令你更加生气。

那么应该怎么办呢？难道就听之任之吗？

也许听之任之正是对付这类人的良策。如果你确实行得正、走得端，别人并不会因这类人的"坏话"改变对你的评价。这时在语言上大可不理会他，让他的矛碰上你这堵棉花墙没有了施展的空间。同时你以自己的行动给他最有力的回击。

特纳兄弟发财后，两人乐善好施，把用辛勤劳动、艰苦创业得来的巨大财富慷慨地用于公益事业，比如建教堂、办学校、不断提高工人的福利待遇。特纳兄弟以他们的仁慈和善行赢来了人们的尊敬和爱戴。他们的善举给当地的人们作出了表率。

然而对于特纳兄弟的无可挑剔的品格，却有人出版小册子诋毁他们。此人给弗朗西斯起了个外号"乡巴肉丁"，当弗朗西斯闻听此事后，只是淡然一笑，说这个人会后悔的。弗朗西斯的话很快传到那位诽谤者的耳朵里，诽谤者说："哈，这个弗朗西斯在警告我早晚有一天会落到他手里，怎么会呢？他太自以为是了，走着瞧吧，他才会后悔呢。"

就在这位诽谤者说过这番话不久，竟然破产了，这真是天意。如果他得不到特纳兄弟签名的执照，他只能关门歇业。虽然他自感求助于特纳兄弟的希望渺茫，但他迫于生存的压力，还是厚着脸皮硬着头皮去了。他站在被他称为"乡巴肉丁"的弗朗西斯面前，满脸羞惭地讲了自己的情况。特纳首先发问："你从前是不是出过一本诽谤我们的小册子？"诽谤者面红耳赤，惶恐不安地点头承认了自己的过错。他以为特纳会把他的申请书撕掉，不会在他的执照上签名的，但是，特纳却对他宽容地一笑，在上面签了名，并对他说："我们有个规定，不能拒签一个诚实商人的执照，而你也的确没有做过什么坏事。"

诽谤者的眼里含满了悔恨的泪水。特纳继续对他说："记得弗朗西斯说过你会后悔的，这不是弗朗西斯的本意，他的意思是说早晚有一天你会了解我们的，并会为自己的行为感到后悔。"诽谤者泪流满面，"是的，我已经后悔了。""好了，事情已经过去了，不要再提起它了，还是谈谈你的生意吧，你准备怎么办？"这个可怜的人毫无自信地回答说，拿到执照后，他的朋友们会出手帮助他的。"但你如何履行合同呢？"这个可怜的人被问住了，他已身无分文，全部财产都给了债权人，他唯一的出路是四处告贷。"朋友，这样可不行，不能让你的妻子和孩子们跟着你遭罪，这样吧，我这里有一张 1 万英镑的支票，你先拿去，振作起来，从头再来，一切都会好起来的，我相信你会成为最出色、最优秀的商人的。"这个被感动得说不出一句感激话的破产商人，像个孩子一样，两手蒙面，嘤嘤哭泣着，走出了特纳兄弟的公司。

许多年过去了，特纳兄弟胸怀宽容的精神依然令后人感动，他们的仁慈和善行一直被人们广为传颂。据说大作家狄更斯先生被他们的事迹深深打动，在描写查雷伯兄弟时，就是以特纳兄弟为原型的。

显然，特纳兄弟做得更好，他们不仅让别人的中伤撞上了棉花墙而无从发力，更以自己的宽容让那个恶意的"闲话人"从此成了他的拥趸。由此看来，一般人怕闲话人，闲话人也有一怕，那就是堂堂正正，是非分明，身正不怕影子斜的君子。

是非不一定能说得清

　　生活中，我们要想活得快乐，就必须不把人与人之间的琐事当成是非；有些人常常烦恼，就是因为太在意别人对自己的看法，哪怕有时是他人一句无心的话，自己却都有意地接受了下来，为此闷闷不乐。其实在生活中，自己与他人总要在是是非非中彼此发生摩擦，有时是他人有意的，而有时则是无意的，我们不能每时每事都让别人相信我们的清白，但是我们至少可以训练自己，使自己不会轻易被别人的言行伤害。

　　日本的白隐禅师是一位修行有道的高僧。有一对夫妇在白隐禅师住处附近开了一家水产店，他们有一个漂亮的女儿。无意间，夫妇俩发现女儿的肚子无缘无故地大起来。这种见不得人的事，使得她的父母震怒异常！在父母的一再逼问下，女儿终于吞吞吐吐地说出"白隐"两个字。

　　这对夫妻怒不可遏地去找白隐理论，白隐静静地听完了对方的辱骂，只淡淡地应道："就是这样吗？"可事情并没有完，等那姑娘肚中的孩子降生后，姑娘的父母竟毫不犹豫地将婴儿送给了白隐。这着实是一件让白隐禅师难堪的事，"一位出家的和尚，竟与民女通奸，还生了孩子，出的是哪门子的家？"街谈巷议不绝于耳。这位白隐禅师尽管名誉扫地，但并不介意，他没有做任何辩解，只是认真、细心地照顾着孩子——他向邻居乞求婴儿所需的奶水，买来其他婴儿用品，虽不免横遭白眼，或是冷嘲热讽，但他总是处之泰然，仿佛他是受人之托抚养别人的孩子一般，他只想让那个孩子一天天健康、快乐地成长。

一年后，那位没有结婚的妈妈感到良心不安，终于不忍心再欺瞒下去了，她老老实实地向父母吐露真情：孩子的生父是在鱼市工作的一名青年。于是姑娘的父母羞愧万分地去跟白隐禅师赔礼道歉，并抱回孩子。

白隐仍然是淡然如水，在交回孩子时仍然只是轻轻说道："就是这样吗？"

生活中，我们常常被别人误会和指责，如果你去解释或还击，往往会使事情越闹越大，不妨向白隐禅师学习，把心胸放宽一些，没有必要去理会，难得糊涂，睁一只眼闭一只眼，这往往才是最好的解决方法。

领导面前宜少争是非

职场中，很多人都有过替领导承担责任的经历，一个领导处理不当的问题也许莫名其妙地就扣到了你的头上。你可能会觉得很委屈，想替自己申辩，想找你的领导说清楚，但如果你是个聪明人，就最好先看清楚情况，别莽撞行事，虽然你有理，但这中间的是是非非你还真未必能说清楚。

业务部的杜明在接到一家客户的生意电报之后，立即向经理作了汇报。可就在汇报的时候，经理正在与另一位客人说话，听了杜明的汇报后，他只是点点头，说了声："我知道了。"便继续与客人会谈。

两天以后，经理一个电话把杜明叫到了办公室，怒气冲冲地质问杜明为什么不把那家客户打来的生意电报告诉他，以至于耽误了一大笔生意。莫名其妙的杜明本想向经理申辩两句，表示自己已经向他作了及时的汇报，只是当时他在谈话给忘了。可经理连珠炮式的指责简直使她没有插话的机会。而且，站在一旁的经理办公室主任老赵也一个劲儿地向杜明使眼色，暗示她不要申辩。这更是弄得杜明糊涂不解。

经理发完火后，便立即叫杜明走了。一块儿出来的老赵告诉杜明，如果你当时与经理申辩，那你就大错特错了。听了老赵的话，杜明更是丈二和尚摸不着头脑，弄不清其中的奥秘。事情过了很久，杜明才逐渐明白了个中缘由。

原来，这位经理也知道杜明已经向他汇报过了，的确是他自己由于当时谈话过于兴奋而忘记了此事。但是，他可不能因此而在公司里丢脸，让别人知道他渎职，耽误了公司的生意，他必须找一个替罪羊，以此为自己开脱。所以，经理的发怒与其说是针对杜明，还不如说是给全公司的人听的。但是，如果杜明不明事理，反而据理力争，这样，不仅不会得到经理的承认，而且很可能因此而被解雇。

那么是不是在上司错怪了自己之后，都不要去申辩呢？也不可简单下这样的结论。如果我们仔细分析上述例子，便可发现，经理之所以如此责怪杜明，杜明之所以不能申辩，是因为事关经理自己本身。假如事情不是这样，那就另当别论了。这里，至少有以下几种情况：

首先，如果事情与经理本人的工作没有直接联系，而只是涉及一般工作，特别是与自己的责任直接相联系的话，则可以大胆地进行申辩。

其次，如果是一些十分重要的恶性事故，是某种造成较大的经济损失或政治影响的事故，则不管怎么样，都应该据理为自己申辩。这里，已经不存在情面和技巧的问题。如果你仍然为顾全上司的面子而把苦果往自己肚子里吞，其后果是不堪设想的。

第三，在涉及触犯法律的事情时，也应该毫不客气地、实事求是地进行有力的申辩。在这种情况下，如果你还要为上司或某人掩饰，则只能是害了自己。而且，在法律面前，谁也不可能保护你，也不要寄希望于那些虚假的承诺。

最后，如果是某些其他人为了推卸责任而往你身上栽赃，或者是有人因对你有意见而故意向领导打小报告，陷害你，那么，你完全可以进行申辩，以有力的事实向上司证明你的能力和忠于职守，并揭露那些心术不正的人的种种诡计。否则，你只能吃哑巴亏。

在这里还应该特别注意的是，在一些小事情上，特别是没有太大干系的事情上，被领导错怪了，便大可不必去申辩。因为，上司总是希望大事化小，小事化了，希望不出大乱子，希望大家都听他的。如果你为了一点小事便不厌其烦地为自己申辩，以致给上司造成种种的麻烦，尽管你的申诉是正确的、有力的，其客观效果也许并不好，反而会使上司讨厌你，认为你心胸狭窄，斤斤计较。

所以说，适当的"糊涂"是医治这种情绪病的良方。对人对事，只要不是原则问题，就大可"糊涂"待之。"糊涂"者，指不必事事计较谁是谁非；不要时时考虑个人得失；不去每每分析谁占了自己便宜；不去常常思量自己有没有吃亏。

如果你觉得有必要予以申辩，那么如何使用语言和持什么样的态度是十分重要的。对此，除了考虑到当时上司的心情以及上司的性格特点与工作方式以外，非常重要的是，你切不可表现出一种蒙受冤枉的委屈状，而应该表现出一种非常豁达的态度，首先肯定对方也许是无意中错怪了自己，这样，便给对方一个很好的台阶，以便于改变自己的观点。另外一点是，在申辩过程中，最好是多用事实讲话，用事实证明自己没错，而不要直接地用语言表示自己没有责任。最好是避免在语言中出现："不是我的错"、"我没有责任"之类的话，以免直接刺激对方，使对方产生强烈的抵触情绪。

　　在现实中，正人君子有之，奸佞小人有之，在复杂的环境下，不注意说话的内容、分寸、方式和对象，往往容易招惹是非，授人以柄，甚至祸从口出。人只有安身立命，适应环境，才能改造环境，顺利地走上成功之道。因此，说话小心些，为人谨慎些，避开生活的误区，使自己置身于进可攻、退可守的有利位置，牢牢地把握人生的主动权，无疑是有益的。

第五章

明名利：名利可求不可贪

名利动人心，人们把个人的功名利禄总是看得太重：官大五品还想着再加官晋爵，锦衣玉食犹念着华宅大厦。许多人因为太过醉心于名利，终其一生都在苦苦寻觅，结果他们得到了名，得到了利，但却失去了自由和快乐。他们拥有了想要的一切，但人生仍然是失败的，因为他们从未享受过生活。

金钱无法给你真正的快乐

金钱能买到一切吗？这是一个老掉牙的问题，但却时时引发着人们的思考。金钱可以买到漂亮的衣服、名贵的珠宝，能够买到豪宅名车，唯独买不到快乐。因为真正的快乐只能从生活中发掘，金钱不是万能的。

有一个农夫，日出而作，日落而息，辛勤耕作于田间，日子过得虽说不上富裕，倒也和美快乐。

一个晚上，农夫做了个梦，梦见自己得到了18个金罗汉。说来也巧，第二天，农夫在田野里竟然真的挖到一个价值连城的金罗汉，他的家人和亲友都为此感到高兴。可农夫却闷闷不乐，整天心事重重，别人问他："你已经成了百万富翁，还有什么不满意的呢？"

农夫回答说："我在想，另外17个金罗汉到哪里去了？"得到了财富，却失去了生活的快乐，看来，有时真正的快乐的确是和金钱无关。

现实生活中，很多人以为金钱第一，有了钱什么都行得通，甚至说："有钱能使鬼推磨。"其实当人刚生下来的时候，小拳头总是攥着的，当生命结束的时候，手却是张开的，要不死亡时怎么说撒手归西呢！从降生到死亡，细想一下，无非是一双手张张合合，攥紧又松开这点事，所以没有必要被钱弄得心情沉重。为钱所累，成了钱的奴隶，这一生还有什么幸福可言。

约翰和他太太都穿着最贵的衣服，各开一部奔驰高级轿车，他在贝弗利山庄拥有一幢豪宅，在纽约的屋子则能从阁楼俯瞰中央公园。

但约翰却说他从未觉得快乐：无论赚了多少、达到什么地位或获得什么名望，都无法刷去他内心深处那股永无尽头的欲念。

名利不能太过贪求

红楼梦中有一首"好了歌"是专门讽刺世人的，其中有两句写道：

"世人都晓神仙好，唯有功名忘不了，古今将相在何方？荒冢一堆草没了。"俗语中也有"人为财死，鸟为食亡"的话，可见名利二字实在是害人不浅。只有挣脱名利的束缚，才能真正超越自我。

古人将名利比喻为缰绳和锁链，它们紧紧地将人缚住，使其活得疲惫不堪。曾经有人以纤夫拉船为题写了一首诗："船中人被名利牵，岸上人牵利名船。为名为利终不了，问君辛苦到哪年？"可见世上之人总离不开名利牵绊。据说清代的乾隆皇帝下江南，看见运河上舟楫往来熙熙，便问左右："他们都在忙些什么？"大臣和侍卫在侧，随口答道："无非名利二字。"有人说得更透，"天下熙熙，皆为利来；天下攘攘，皆为利往。"

名利就如同鸦片一样，一旦沾上了，想要放下就会很难。

可能会有很多人对超越名利的说法嗤之以鼻：一个人辛苦半世，为的不就是名利吗，为的不就是活得更好吗？事实上如果真的是为活得更好，那就一定得超越名利，一个整日醉心于名利的人，是不会有什么出息的。

据钱世昭的《钱氏私志·宋相郊》记载，北宋时的宋郊、宋祁兄弟，年轻时节衣缩食，矢志力学。兄弟俩同赴春试，同登一榜，郊夺魁首，祁居第十，被传为历史上封建科举的一段佳话。但居官后，兄弟俩的行为却大相径庭。在某年一个元宵节夜晚，宋郊相居政府，上元夜在书院内读《周易》；闻其弟学士祁，点华灯，拥歌妓，醉饮达旦。翌日，宋郊派人对宋祁说："相公寄语学士，闻昨夜烧灯夜宴，穷极奢侈，不知记得某年上元，同在某州学内吃韭菜煮饭否？"学士笑曰："却须寄语相公，不知某年同在某处吃韭饭是为什么底？"

大凡在事业上有一定成就的人，莫不是苦志力学，付出了辛勤血汗的人。但是"不知吃韭饭是为什么底？"却有不同的答案。宋祁为了名利而苦学，一旦功成名就开始穷奢极欲，这样下去，不但难再有上升空间，而且迟早会招致恶果。

居里夫妇发现了新的放射性元素镭以后，一封来自美国布法罗市的信，建议他们申请生产这种金属的专利权，当时，一克镭的价钱达70万金法郎，很明显，专利权能使他们获得巨大的物质利益，但居里夫妇不假思索地拒绝了申请专利权的建议，毫无保留地公布了研究成果。

居里夫妇为了回避这种访问，他们就搬到乡下去住。有一次，一位女友发现居里夫人的小女儿正在玩英国皇家学会刚刚奖给她妈妈的一枚金质奖章，忙说："能够获得一枚英国皇家学会的奖章是极高的荣誉，你怎么能给孩子玩呢？"居里夫人笑了笑说："我是想让孩子们从小就知道，荣誉就像玩具，只能玩玩而已，绝不能永远守着它，否则将一事无成。"正因为居里夫人超越了名利，把自己的一切无私地贡献给科学事业，从而使她在科学事业上取得了卓越的成就，两次获得诺贝尔奖，还得到了107个名誉头衔、16枚奖章、10份科学奖金。居里夫妇不贪求名利却取得了巨大的成就。谚语说："名声躲避追求它的人，却去追求躲避它的人！"这是什么道理呢？著名哲学家叔本华早已给出了答案："这只因前者过分顺应世俗，而后者能够大胆反抗的缘故。"

于是我们看到现实生活中，有一些人为了追名逐利，处处钻营。溜须拍马，阿谀奉承有之；瞒天过海、暗度陈仓者有之；无中生有、借刀杀人者有之。为了满足自己一官、一利、一职之贪，竟如此费尽心机。但这样做往往会害己误人，得不偿失。

人们应该学着将功利看得淡一点，如果你把时间和精力都用在追求名利，那又用什么时间享受生活呢？名利这个东西生不带来，死不带去，生前锦衣玉食，前呼后拥，死后也是黄土一抔。人生在世，名利上虽然不能免俗，但请悠着点儿，别被名利束缚得动弹不得，白在世上走这一遭！

安贫乐道者心境悠闲

人们对名利的追求无比热切，有了车子又要房子，当了处长又想局长……总是没有满足的时候，结果把自己弄得身心俱疲，每天的生活就像打仗一样，从早上睁开眼算计到晚上闭上眼，结果时间一天一天过去，他们除了累和空虚之外一无所得。

"朝臣侍漏五更寒，将军铁甲夜渡关。山寺日高僧未起，算来名利不如闲。"一个人能否活得悠闲自在，并不取决于他拥有多少财产，多高地位，而是取决于他对名利的态度如何。一个人如果能超越名利纷争，那么他的心境自然也就平和悠然了。

有几个爬山的人，见到山上一个人站了很长时间也不动，非常好奇，就走过去问他：

"你是在欣赏这里的风景还是在等人啊？"

回答是："不是。"

"那么，你累了吗？"

"没有。"

"既然什么都不是，那你为什么站在这里？"

"我只是在这儿站着。"

站着，未必就非得因为什么。什么也不为就没有得，也没有失。在禅宗看来，因为人们生活在"二元世界"里，就有了物与我的对立，就有了得失、美丑等等的是非判断。除去自我中心，抛开物我对立，你就是万物自然。你就是一。

庄子说："至人无己。"

"无己"即破除自我中心，亦即扬弃功名束缚的小我，而达到与天地精神往来的境界。

从这里可以看出，庄子所主张的超脱，实际上是摆脱了一切之后的无知无欲，表现在人生理想上，那就是"无名"，即独与天地相往来的独善其身。

对于生活在现实人生的我们而言，庄子对天地精神的崇拜，固然是显得玄虚了一些，但针对构成我们世界的纯利益追求以至于忘却了自己的人来说，庄子的宏论和超脱还是具有一定借鉴的意义。

任何人也不能做到如庄子所言无知无欲而达到超脱，但效法天地之自然浑成，而注意自我心性的保持，能够超然于物质欲求之外，也许，倒亦是颇为有益的境界。

对此，庄子曾在"逍遥游"中讲了这样的寓言：

尧把天下让给许由，说："日月都出来了，而烛火还不熄灭，要和日月比光，不是很难吗？先生一在位，天下便可安定，而我还占着这个位，自己觉得很着愧，请容我把天下让给你。"

许由说："你治理天下，已经很安定了。而我还来代替你，为着名吗？是为着求宾位吗？小鸟在深林里筑巢，所需不过一枝，鼹鼠到河里饮水，所需不过满腹。你请回吧，我要天下做什么呢？"

这寓言是说：天地之间广大无比，而在此之中，人所需又如此的渺小，拿自己的所需与天地相比那不是很可怜吗？那么何不效法天地之自然，而求得心性的自由和逍遥呢。

庄子要给予我们的也许是一种极宏远的宇宙观，让人认识到至广至大的极限处，解脱自我的封闭，超越世俗的小我。庄子的这种宇宙观，难道不是一种智慧的体现吗？

作为生命的个体，我们是淹没在万象的生命之中的。但亦正是作为个体，我们才时常能真切感受到生命的世界所能具有的伟大和恢宏。

现代社会，人们越来越依附于文明所创造的一切。我们是与社会的联系更为密切了，但实际上，对物的依赖使我们与生命本质、万物自然的联系日趋减弱。纯功利所导致的，是生命的相互隔膜和疏远。人生命的联系已不是人与人，而是人与物的联系。

自从你出生以后，就有很多东西标上了你的名字，如金钱物质，但这些东西果真是你的吗？

的确，有了金钱，可使生活更加安定，也可以使生活变得多姿多彩。但有些人不满足于此，只对贮积的增加引以为乐。

对于争名夺利的人来说，"拒官"是天下第一号大傻瓜，其实则不然，自认为"无官一身轻"的人大有人在。

陶潜因被生活所迫，不得已而为仕。29岁时，他曾当过江州祭酒，但不久便自动辞职回家种田。随后，州里又请他去做主簿，他不愿意接受。到了 40 岁，他为了解决家里的生活困难，又到刘裕手下做了镇军参军，41 岁时，转为彭泽县令，但只做了 80 多天，便辞职回家。

从此以后，他再也不愿意出来做官了，而愿亲自种田来养家糊口，过着一种十分清淡贫穷的日子。

他最终辞官回家，是因为这样的一件事情引起的：有一天，郡里派遣督邮到彭泽县来检查工作。县里的小官吏听到这个消息后连忙去向陶渊明报告。这时，陶渊明正在他的书斋里读书写诗。他一听督邮来检查，十分扫兴，便放下纸笔，准备跟小吏一起去见督邮。

有名有利未必是成功的人生

人生怎样才算成功呢？每个人都在寻找答案。当然，各人的标准不一样，得出的结论也不尽相同。但有一点却是相同的，那就是名利双全也不代表你的人生就是成功的。

幸福往往与财富无关。一项研究结果显示：一旦人的基本生存需要得到基本满足后，每一元钱的增加对快乐本身都不再具有任何特别意义，换句话说，到了这个阶段，金钱就无法换算成幸福和快乐了。

在英国，有一位叫米歇尔的著名兽医劝告人们向动物学习。她拿鸟做例子说："鸟懂得享受生命。即使最忙碌的鸟也会经常停在树枝上唱歌。当然，这可能是雄鸟在求偶或雌鸟在应和，不过，我相信它们大部分时间是为了生命的存在和活着的喜悦而欢唱。"

可是作为万物之灵的人类，在对待生命的态度上却未必能有这种豁达，有的人穷其一生，都无法达到这样的境界。有的人认为，得到了金钱就得到了幸福，这是多么可笑的想法！可见，他们并不知道金钱和幸福是没有必然联系的。有了金钱，并不一定就会带来幸福，反而因为金钱而引发不幸的事例倒是比比皆是。

晋代石崇富甲天下，生活奢侈已极，但过多的金钱却招来了别人的妒忌，最后终因财多丧命，在被押赴刑场的路上，石崇说："我知道你们杀我，也不过是贪图我的家财！"一名军校听了，就反讽他说"既知如此，何不早散财！"然而此时，石崇悔之晚矣，他纵然腰缠万贯却仍是难逃一死。

有的人认为只有拥有了盛名，才意味着成功。殊不知，功名利禄不过是过眼烟云，生命的辉煌恰恰隐藏在平凡生活的点滴之中。也有的人认为权倾一时就是成功，可是，你比李白官高三品又怎么样，你能像他那样永远青史留名吗？更有的人认为出类拔萃才是成功，平庸就意味着失败，可是生活的真实却往往是有些人看起来平平常常，活得确实挺充实幸福。那些脚踏实地、实事求是的人往往比那些好高骛远的人快乐得多。

其实谁也不至于活得一无是处，谁也不能活得没有遗憾。一个人不必太在乎自己的平凡，平凡可以使生命更加真实；一个人不必太在乎未来会如何，只要我们努力，未来一定不会让我们失望；一个人不必太在乎别人如何看自己，只要自己堂堂正正，别人一定会尊重我们；一个人不必太在乎得失，人生本来就是有得有失。

　　一个人要想生活得快乐，就要学会根据自己的实际情况来调整奋斗目标，适当压制心底的欲望。不要因为自己才华平庸而闷闷不乐，生活中，智慧与快乐并无联系，反倒是"聪明反被聪明误"、"傻人自有傻人福"的例子俯拾皆是。

　　很多人年轻的时候无忧无虑地生活，虽然没有钱，没有名，没有地位，但是他们真的很快乐，什么都不用想，只做自己喜欢做的事情，可是当他们开始追求人人向往的传说能带给他们幸福快乐的东西之后，却渐渐地发现自己不得不放弃那些他们喜欢做的事情了，而他们得到的却并没有给他们带来多少快乐，带来的反而是负担，压得他们无法追求别的东西，压得他们无法轻松地面对自己真正的梦想。这时他们往往会痛苦不堪地一遍一遍地问自己："为什么得到的都是我不想要的，而我想要的却总是得不到？"

　　人生还是公平的，你想要比别人富有，你就会比别人孤独；你想要比别人辉煌，你就注定要比别人活得痛苦。

把头衔当回事儿

　　人们总是把身份地位看得过重，为了名片上那一串尊贵的称谓而辛苦奔波，为了头衔而上下求索。事实上头衔名片除了虚荣外，不会使你过得更愉快，相反还会让你越来越累。

几年前，马思尼自己创业当老板，年收入超过 50 万美元。不料，就在公司的业绩如日中天的时候，他突然决定把公司交给太太经营，自己则转到一家大企业上班，月薪骤减为 6000 美元。为此，太太一度无法谅解他："你们男人到底在想什么？"

马思尼透露，当时他的想法很简单：对方应允他可以拥有一间单独的办公室，旁边摆着一台音响，每天愉快地听着音乐工作，而这正是他一直最想过的日子。

马思尼并不想做大人物，所以，他也从不认为，男人就一定要当老板，有些事其实可以让给女人做。不过，他观察到大多数的男人好像都非得做个什么头儿，觉得有个头衔才有面子。

有一回，他听到一位年轻的男同事要求升迁，理由是："我的同学掏名片出来，个个都是头儿，只有我不是，我都被他们比下去了！"

马思尼承认，男人的野心确实比女人大，而且，很多男人不能接受"你比我好，你比我强"，总觉得自己一定要赢过别人。

以前，他也有过同样的想法，到后来则发现这其实是"自己给自己的枷锁"。于是，他渐渐学会"欣赏"别人的成就，而不是处处跟别人比。"我跟别人比快乐！"他说，也许别人比他有钱，做的官比他大，但是，却比他活得辛苦，甚至还要赔上自己的健康和家庭。

马思尼说，他这辈子最想做的是当一名"义工"，虽然没有名片，也没有头衔，但却是一个非常快乐的人，"我希望能在五十岁之前，完成这个心愿。"

马思尼相信，当他的男性朋友听到他的这番告白，免不了会露出男性的武士本色:"你别恶心了!我简直要抱着垃圾桶吐!"那么,马思尼会不会因此而不自在呢?他回答得很潇洒:"这种男人的话不必当真,就让他们去吐吧!"

其实,大多数的男人都喜欢当"武士"。

武士象征尊贵,代表有身份,有地位。武士长年在外征战,攻城略地,而虏获的东西,诸如财富、荣耀、权力或者女人,就成了彰显身份的见证。

第六章

明轻重：分清主次抓重点

生命短暂，世事纷扰，我们想做的事那么多，而我们能做到的事却那么少。生活中有太多的诱惑，而时间却不允许我们面面俱到。我们只能把想做的事情分清主次，挑出重点，然后再一步一步地去实现它。如果你不分轻重，信手拈来就乱做一气，那就算你每天都忙忙碌碌，到最后仍会是一无所得。

目标过多会成为负担

设立目标时，我们不能一次性设立太多，贪多嚼不烂。目标太多我们就会无所适从，目标就会变成了你的负担，所以目标贵精不贵多。

想法太多，或者要想实现的目标太多，跟没有想法没有目标其实是等同的。

褐色皮肤、英俊潇洒的席尔儿时就是游泳健将，经常参加比赛。"自幼，别人就从两方面来看我们。"他说，"一方面看我们是谁，一方面看我们有何行为。我总是因为比赛成绩优秀受到称赞。"

分清事务的轻重缓急

　　人们每天都会遇到许多事情，但却不可能把每件事都处理到，因为时间是有限的，我们只能去做一些重要的事务，排除次要事务。聪明人应该懂得在急迫与重要之间做出取舍。

　　若要集中精力于当急的要务，就得排除次要事务的牵绊，此时需要有说"不"的勇气。美国潜能大师史蒂芬·柯维在其《高效能人士的七个习惯》一书中指出了这一现象：

　　史蒂芬·柯维的妻子曾被选为社区计划委员会的主席，可是既放不下许多更重要的事，又不好意思拒绝，只好勉为其难地接受。后来她打电话给一位好友，问她是否愿意在委员会工作，对方却婉拒了，史蒂芬·柯维的妻子大失所望地说："我那时也能拒绝就好了。"

　　这不是说社区活动或社会服务不重要，而是每个人都有自己的当前要务，必要时应该学会说"不"。

　　史蒂芬·柯维在一所规模很大的大学任师生关系部主任时，曾聘用一位极有才华又独立自主的撰稿员。有一天，有件急事想拜托他。

　　他说："你要我做什么都可以，不过请先了解目前的状况。"

他指着墙壁上的工作计划表，显示超过 20 个计划正在进行，这都是他俩早已谈好的。

然后他说："这件急事至少要占去几天时间，你希望我放下或取消哪个计划来空出时间！"

他的工作效率一流，这也是为什么一有急事我会找上他。但史蒂芬·柯维无法要求他放下手边的工作，因为比较起来，正在进行的计划更为重要，结果，史蒂芬·柯维只有另请高明了。史蒂芬·柯维的训练课程十分强调分辨轻重缓急以及按部就班行事。

他常问受训人员：你的缺点在于：（一）无法辨别事情重要与否？（二）无力或不愿有条不紊地行事？（三）缺乏坚持以上原则的自制力？

答案多半是缺乏自制力，史蒂芬·柯维却不以为然。他认为，那是"确立目标"的功夫还不到家的缘故。而且不能由衷接受"事有轻重缓急"的观念，自然就容易半途而废。

发乎至诚的信念与目标在任何时候都敢说"不"，目标与现实的距离才会越来越小。

美国伯利恒钢铁公司总裁查理斯·舒瓦普向效率专家艾维·利请教"如何更好地执行计划"的方法。

艾维·利声称可以在 10 分钟内就给舒瓦普一样东西，这东西能把他公司的业绩提高 50％。然后他递给舒瓦普一张空白纸，说："请在这张纸上写下你明天要做的 6 件最重要的事。"舒瓦普用了 5 分钟写完。

艾维·利接着说："现在用数字标明每件事情对于你和你的公司的重要性次序。"

这又花了 5 分钟。

艾维·利说："好了，把这张纸放进口袋，明天早上第一件事是把纸条拿出来，做第一项最重要的。不要看其他的，只是第一项。着手办第一件事，直至完成为止。然后用同样的方法对待第2项、第3项……直到你下班为止。如果只做完第一件事，那不要紧，你总是在做最重要的事情。"

艾维·利最后说：

"每一天都要这样做——您刚才看见了，只用10分钟时间——你对这种方法的价值深信不疑之后，叫你公司的人也这样干。这个试验你爱做多久就做多久。"

一个月之后，舒瓦普给艾维·利寄去一封信，信上说，那是他一生中最有价值的一课。

5年之后，这个当年不为人知的小钢铁厂一跃而成为世界上最大的独立钢铁厂。人们普遍认为，艾维·利提出的方法对小钢铁厂的崛起功不可没。

时间管理的精髓即在于：分清轻重缓急，设定优先顺序。

聪明人都是以分清主次的办法来统筹时间，把时间用在最有回报的地方。

在鱼与熊掌间做出选择

"鱼，我所欲也；熊掌，我所欲也。"然而当二者只能取其一时，你就必须能分清哪多哪少，果断地放弃次要的一个。

在人的一生中，要遇到许许多多的选择，无奈的是往往鱼和熊掌不能兼得，在把握命运的十字关口，我们应学会放弃，当有所为，有所不为。我们失去的，会有收获回报，不要悲观地感慨"不可兼得"的失去，要乐观地看到"失之东隅，收之桑榆"。放弃一些东西，你还可以获得更有价值的东西。

历史性的机遇往往是很珍贵的，稍纵即逝。通过调查，我们发现：成功者往往有着很强烈的紧迫感，他们一旦认识到所面临的机遇的巨大价值，就会全身心地去奋斗，克服"干扰"，不怕挫折，直至达到目的。因此，时代所赐予的伟大机遇很难从他们手上溜掉。

生活中充满了种种诱惑，在诱惑面前我们也应当控制住自己不合理的欲望，分清轻重，放弃非分之想。

鲁国的大臣公仪休，是一个嗜鱼如命的人。他被提任宰相以后，鲁国各地有许多人争着给公仪休送鱼。可是，公仪休却正眼不看，并命令管事人员不准接受。

他的弟弟看到那么多从四面八方精选来的活鱼都被退了回去，很是可惜，就问他："哥哥最喜欢吃鱼，现在却一条也不接受，为何？"

公仪休很严肃地对弟弟说："正因为我爱吃鱼，所以才不接受这些人送的鱼。"

手头的事永远是最重要的

一些虚荣心强的人，总是看不起手边的小事，认为自己志向远大，要做就该做大事。这种好高骛远的人往往成不了大事，因为他们连事情的轻重都没有搞清楚，他们想要一步登天，却不知道想要到达最高处，也必须从最低处开始。

聪明人是心在高处，手在低处——即通过一个个具体的行动去实现自己的远大之志，而不是好高骛远，总看不起手边的小事。

有一个人看到老渔民出海打鱼，每次都是满载而归就非常羡慕，请老渔民带他一同出海。他们到了海上后，老渔民从容地撒了网，但当网拖起时，里面并没有多少鱼，这个人就叹了口气说："今天运气真不好，怎么只有这么少的鱼啊！"老渔民笑了，说："孩子，你不会以为我一网就可以打到一舱的鱼吧！我每天要下二十几网，每一网我都很认真，这样聚少成多才能满载而归啊！"

老渔民的话朴实却包含着过人的智慧，鱼只能一网一网地打，事不论大小，也只能一件一件地做，如果谁嫌事小就不付出努力，那他到最后也一定会无法成事。

年轻人总是心太高，因为我们年轻，所以经常谈理想和抱负，理想和抱负谈得多了以后，就会抱怨我们目前的状况，工作不好，领导不赏识不重用，门路太少，局限性太大，自己没法施展才华等等。似乎这些现实的一切与理想和抱负差得太远，自己只有突破这一切才能拥有好的未来。可是，事实却并不像我们所想象的那样，于是便处处不顺心，因而陷入了自己设定的困境中。

理想，真是害人啊！

但理想难道就那么可恨吗？

理想并没有错，你也没有错，年轻的时候总有一段是这样度过的。

有一个刚从学校毕业的大学生，踌躇满志地进入一家公司工作，却发现公司里有那么多局限性，而领导分配的工作又是一个谁都能胜任的办公室日常事务性工作，一向自视清高的他，别提多么失望了。

他到处发泄自己的不满，但好像并没有人发现他，就这样，他只好埋头干活。虽然心里经常存有不情愿的感觉，但不再像刚去的时候那样浮躁了，而是努力去做自己手头的事情。做好一件，得到领导的肯定，自己的"虚荣心"就被满足一次，靠着这种卑微的"虚荣心满足"，日子就这样一天天过去了。

有一天，他认识了一位白发苍苍的老人，开始他并没有注意到这位老人，只是后来由于工作的需要，接触了几回。经人介绍说，这位老人就是赫赫有名的温宁先生，他是公司的创办人之一，他没有因为特殊的身份而讲究太多。竟然是那么平常，那么不起眼，每天与大家一样上班下班，风雨无阻。

实在让人难以想象！

年轻人记得老人曾经对他说过这样一句话："把手头上的事情做好，始终如一，你就会得到你所想要的东西。"

年轻人记住了老人的教诲，开始投入地做任何一件事情，无论自己如何的不情愿，都尽心尽力地做好，而且做了以后，心态就平静了。

过了好多年，年轻人还记得温宁先生的那句话。

无论手头上的事是多么不起眼，多么烦琐，对你来说它都是最重要的，因为你只有认真地去完成它们，你才可能一步步走向成功。

第七章

明善恶：分清善恶多防范

　　做人要与人为善，只有这样才能从善中得善。但社会如此复杂，天下岂会无"贼"，我们也不能忽视了生活中、工作中的一些不善之辈。这些恶人不是社会的主流，但也无所不在，费尽心机等着算计别人，我们不做"负天下人"的曹孟德，但也不能引颈就戮等着"天下人负我"。一个人立身于社会，要懂得分清善恶，不必与恶人针锋相对，但至少要有所防范。热血酬知己，冷眼看恶人，这样才能活得堂堂正正又自在安心。

看清"朋友"的真面目

　　把纯洁的友情看成是金钱附庸的人，生活中可说是比比皆是，他们对权势钱财看得特别重，谁有权有势就巴结逢迎，以求利用，这种人不问是非曲直，吃吃喝喝就能混在一起，打着"朋友"的旗号，追求实利，这种"合作"带有明显的铜臭味。

这种酒肉朋友、势利朋友容易得到合作者，也容易失去合作者，容易结交也容易散伙。这种友谊是建立在权势钱财和杯盘烟酒之上的，是极端自私、虚伪，带有极大的欺骗性和危害性，这种"友谊"是难以长久的。

日常生活中，我们也会遇到这样的情况，当取得成绩，有了荣誉之后有的人殷勤地表示友好；而遇到挫折和困难时则躲得远远的。这种讲实惠的实用主义态度是可鄙的。有的人对那些于自己有用的"朋友"，就千方百计地加以笼络，对暂时用不上而将来有所求的"朋友"，则滑头滑脑，若即若离地维持；对曾经有用，今后不再用的"朋友"，则置之脑后似乎不曾相识；对那些过去有恩于自己，后来陷于困境需要他帮助的，则忘恩负义，有的甚至趁火打劫，落井下石。

雪儿是某化妆品公司的业务员，业绩突出，与上司任姐的关系也非常亲厚，在公司中春风得意、处处逢源。然而这种平静适意的生活，被公司新来的一个业务员小美给完全扰乱了。小美嘴很甜，处处讨好雪儿，雪儿也很快就和她成了好朋友，并且非常信任她，自己重要的客户资料小美都可以随意翻看。一次雪儿在工作中出现了一个失误，任姐严厉地批评了她一顿。雪儿出了门，便怒气冲冲地约小美逛街，小美为了逗雪儿开心，便把任姐大骂一通，还把任姐叫做"变态女人"。雪儿觉得很可笑，也就跟着骂了几句。

要有点防人之心

老祖宗告诉我们说："害人之心不可有、防人之心不可无。"一个人如果把世界想得太美好，相信"无下无贼"，那最后他就一定会在现实里跌得头破血流。"人无害虎心，虎有伤人意"，所以我们在堂堂正正做人的同时，还要多点防人之心。

张轻是一个非常有上进心的青年，一年前进入目前的公司营销部后，一直努力工作，创造了不少佳绩。没想到，公司调来一位新经理，提出人事改革建议，而他的第一把火就烧到营销部头上，从部长主管到员工，全部换成新经理的嫡系部队，张轻被调到调研部做分析员。张轻怎么也想不通，无论工作态度还是业务能力，自己都没得说，以前曾共过事的现任副总还直说要提拔他做副手。可如今到底怎么了？自己究竟把谁得罪了？让他做梦也想不到的是，做出这个决定的正是他一直深信不疑的那位副总。

不是所有的上司都能明辨是非、公私分明，在任何时候都能包容你；也不要指望老板都是教育家，在你陷入困惑时会对你谆谆教导。"黑哨"往往响起于无形，你要做的不是怨天尤人，而是适时亮出自己的绝技，让上司对你刮目相看。另外，还要注意方法，不要给上司造成太大的威胁。有的老板在没有发迹或有难的时候，善用情感来笼络人心，可一旦渡过了难关，便把知道他底细的人"干掉"。所以你不加以防范，怎么行呢？

生活有美好的一面，也有严酷的一面。我们不能因为生活的严酷去否定生活的美好，我们也不能因为生活的美好而不去正视生活的严酷。

活在世界上，我们必须与各种各样的人打交道。一定会与许多说不清的风险相遇。但是，如果缺乏对自己基本负责的态度，和对内外风险的防范之心，就可能造成生命财产、情感、事业等多方面的损失。

如何保护自己，让自己的生命、事业等都得到必要保证，这就是基本的"生存智慧"。

"害人之心不可有，防人之心不可无"。这句话充分说明了对待他人的辩证关系：一方面，对待别人，不应该存有伤害之心；另一方面，当对别人没有足够了解时，需对他人有所防备，防备他人存有坑害自己的心。

凡事要多一个心眼儿，所谓"防人"，实际就是采取必要的防卫手段，让人无法加害自己。

所以，要远离危险的地方。这包括两个方面：一是防患于未然，预先觉察潜在的危险，并采取防范措施；二是一旦发现自己处于危险境地，要及时离开。

做人不能太坦白，要懂得保护自己。比如说，你是什么样的人，有时就得向人掩饰你不是这样的人；有时你对事情已非常了解，但为了保护自己，你就要装成不知道怎么回事的样子。不做恶人，但也别做被恶人伤害的人。

提防口蜜腹剑的小人

一个人遇到事情手足无措，或者突然听到对自己不利的事情不知如何是好，这时候如果有人以真诚的语气和姿态给你出谋划策，你常会无所保留、毫无戒心地接受照办。如果此人并无坏心，那也罢了，反之，如果此人心怀鬼胎，他的所谓"好意"只不过是伸把手将你往火坑里推，让你跌得更重、烧得更惨一些，你也会轻而易举地着了他的道儿。

口蜜腹剑的小人是最难提防的，他的馊主意总是裹着蜜糖送给你，如果你看不清他的真面目，就会被他害了还要拿他当好人。

唐玄宗时的宰相李林甫，凭着巴结、奉承、献媚取宠得到了皇帝的信任，凭着他的"口蜜腹剑"陷害了一个个大臣，以维护自己宰相的权位。

有一次，李隆基和李林甫一起，谈到了一个官员严挺之，李隆基说："严挺之在哪里？我听说他是个将相之才，应该委以重用。"李林甫本来就非常妒忌严挺之的才能，害怕他有一天会夺去自己宰相的位置，忽然听皇上这么一说，心里就更担心了。于是他搪塞地回答了皇上的话后，就赶紧找来严挺之的弟弟严损之，装出一副十分亲密的样子，促膝谈心，叙旧情。并答应推荐严损之当员外郎，然后又说："皇上很喜爱你哥哥的才华，为什么不让你哥哥假说患了风寒，向皇上请求回京城医疗，这样就有机会见到皇上得到重用了。"

严损之听了满心欢喜，便到绛州把李林甫的话告诉在那儿当刺史的哥哥严挺之。严挺之觉得这是一件好事，不假思索，就按照李林甫的话写了一张表，派人交给李林甫。李林甫见严挺之中了计，非常高兴，就拿着这张表报告皇上说："严挺之现在年老体衰，又得了风疾，应该让他担任闲官，以便治疗。"玄宗接过表来，一边看，一边摇头叹息道："可惜，可惜！"结果，天宝元年（742年）四月，玄宗便下令让严挺之做太子詹事，待在洛阳养病。

李林甫就这样两边当好人，暗中使手段，让别人受到陷害还不知道是怎么回事，这样的例子还多着呢！

一次，玄宗在勤政楼上隔着帘子观看歌舞。兵部侍郎卢绚以为玄宗已经走了，就垂着马鞭，拖着缰绳，慢慢穿过楼下。卢绚风度翩翩，玄宗一边看着他，一边赞叹道："好一个卢绚！"宦官高力士在旁边听到了，就暗中告诉了李林甫。

李林甫看玄宗又喜欢上了卢绚。害怕威胁到自己，就把卢绚的儿子叫来，说："你父亲在朝中很有威望，现在交州、广州一带经常发生动乱，皇上想派你父亲去那里整顿整顿，不知道你们愿意不愿意去？"交州是个十分偏远的地方，经常闹瘟疫，李林甫自然知道卢绚一家不愿意去，故意撒谎这样说。接着他又进一步威胁说："如果拒绝圣上的旨意，龙颜不悦，恐怕会获罪啊。"卢绚的儿子一时慌张起来，没了主意，就请求李林甫在皇帝面前说情。

李林甫故作为难的样子，想了一会儿说："这样吧，我帮你们一个忙，就让你父亲到东都洛阳去担任太子宾客或者太子詹事，怎么样？那也是块肥缺，你回去劝劝你父亲。"卢绚不愿意到远处去任官，又怕被降职，只好上书请求担任太子詹事。李林甫为了掩人耳目，就先让他到华州当刺史。过了不长一段时间，李林甫便向玄宗打小报告说卢绚身体不好，难以管理州事，打发他到东都去做太子詹事了。

把馊主意当做金玉良言说给你听，这种人、这种事不仅古代有，现在在我们身边也有。古人云："君子坦荡荡，小人长戚戚。"如果"坦荡荡"的君子总被"常戚戚"的小人的馊主意绊倒，说明作为君子除了"坦荡荡"之外还要多留个心眼儿，多一点防范坏人、保护自己的意识。

背后使坏的人最可怕

真坏人不可怕，因为我们一眼就能区别出来，对这种人自然会产生本能的防范心理。假好人才最可怕，因为他会用"善"的面具伪装自己，对你施以小恩小惠让你心存感激，他却专门在背后说坏话，使阴劲，这种人是最难防范的。

商场也好、职场也好，竞争都是在所难免。大家靠本事吃饭，靠业绩说话，能够从竞争中胜出的话本也无可厚非。可偏偏有一些人，也可能知道自己正面竞争难有制胜的把握，就要动些歪点子。表面上他对你的想法一百个赞成，让你平添一份信心而更加有恃无恐，但转过脸就对上司说你的坏话，而且上司最讨厌什么，他专门把这些讨厌的东西跟你挂上钩。你卷铺盖卷走人的时候还在念念不忘他给你的"无私"的支持呢。

魏国武侯即位后，对臣子忠奸不分，还用旧的血统观念来衡量臣子，任命女婿公叔为相，推翻了李悝的某些新法，以维护贵族利益，这样一来，力主变法的吴起便与公叔有了矛盾。

吴起是个死犟筋，是个不会见风使舵而明哲保身的人。每当公叔废除一条旧法时，他便据理力争，把公叔气得咬牙切齿，最后终于下定了赶走他的决心。

公叔明白，要赶走立有大功的吴起，还得国君发话。于是他设计了一个陷阱，让吴起上当走人。

公叔先找到魏武侯，闲扯中把话引到吴起身上。当时，魏武侯在军事上对吴起还是倚重的，便夸奖了一番吴起的功劳，表示还得重用吴起。公叔善于见风使舵，马上就说："那当然。但是，"他把话头一转，"就不知吴起是不是真正与咱们一条心，他终究是个外人呀！"一句话把魏武侯说得疑惑起来，沉思着说："对呀，他是不是真与咱们一条心呢？"公叔见魏武侯的神态，知道事情有门了，忙接口道："这个有办法，试探他一下就明白了。"魏武侯问：

"怎么试探呢？"公叔说："吴起自从求将杀妻之后，一直还没婚配。您可招他来，说要把公主配给他。他若高兴地答应，就说明他跟咱们一心。会尽心竭力地为咱们魏国出力。他若犹犹豫豫，就说明他心怀二意，不会在咱们魏国久住的。"魏武侯说："好吧，就按你说的办。"

公叔见第一步计划成功了，忙跑回家，对妻子说，他要约一个朋友来玩。朋友到来时，要妻子装出气势汹汹的样子。他妻子一向言听计从，答应了。

于是，公叔约吴起到自己家里小酌。一进门，公叔那位公主妻子就照公叔吩咐好的，迎上前来，劈面问公叔："今天不上朝，干什么去了？"

公叔装出唯唯诺诺的样子说："去看了一个朋友，相约来家小酌。"妻子大喝："酌什么？天天灌马尿，也没见你干出什么事来！"那时还讲求男尊女卑，像这样的妻子，吴起还第一次碰上。于是他瞅个机会问公叔："嫂夫人怎么这般态度？"公叔装作无可奈何地叹了一口气，说："人家是公主，有国君撑腰嘛。"

这时，公叔妻子的贴身丫头听了安排，又模样汹汹地来找公叔，说公主在房中，要公叔快去，有事吩咐。吴起一见，有点火了，抱不平说："一个小小丫鬟，竟对男主人这般讲话，这不是造反了？"公叔又装出无可奈何的样子叹一口气，说："丫鬟也是从宫中带来的呀，自然主大奴也大了。"

吴起回到家中，许久还为公叔在家中的地位生气，却突然来人传话，说国君找吴起有要事商量。

吴起不知国君有什么事，忙快步入宫。魏武侯热情接待，扯了半天闲话，便说出要将公主相嫁的事。吴起正在为公叔的处境生气呢，哪知国君又让自己也走上这条路，于是吞吞吐吐地说："在下出身贫贱，岂敢同公主匹配。"武侯以为他在自谦，忙说："我意已决，不计较什么出身。"吴起还是推推诿诿地不答应。武侯想起了公叔的话，以为吴起心怀二意，也就不再勉强他了。

自此以后，魏武侯对吴起渐渐冷淡起来。吴起察觉到自己在魏国不会再受重用了，便瞅个机会，投降楚国去了。

无怪乎以吴起之智仍要上公叔的当：谁能拒绝人家的一片好心呢？再加上他低估了"悄悄话"背后说的巨大威力，也就只能束手就擒了。这里问题的关键还是你不能缺少这份防范之心，尤其当一个跟你总是意见相左或不怎么投脾气的人突然向你大献殷勤的时候，你要不断告诫自己：防着他点儿。

与对手打交道要长记性，千万不能听风就是雨，把他说过的十句和话先掐去头尾只剩三句半，还得再掂量一下可信度，轻信对手的话，你一定会上当吃大亏的。